嵌入式项目扶贫

——华中农业大学产业精准扶贫模式分析

张翠娥　　王妮萍　著

武汉理工大学出版社

图书在版编目(CIP)数据

嵌入式项目扶贫：华中农业大学产业精准扶贫模式分析 / 张翠娥，王妮萍著.—武汉：武汉理工大学出版社，2020.12
ISBN 978-7-5629-6351-6

Ⅰ.①嵌…　Ⅱ.①张…②王…　Ⅲ.①农业产业-扶贫模式-研究-湖北
Ⅳ.①F327.63

中国版本图书馆 CIP 数据核字(2020)第 243888 号

项目负责人:王兆国　　　　　　　　　责任编辑:雷红娟
责 任 校 对:黄玲玲　　　　　　　　　封面设计:匠心文化
出版发行:武汉理工大学出版社
地　　　址:武汉市洪山区珞狮路 122 号
邮　　　编:430070
网　　　址:http://www.wutp.com.cn
经 销 者:各地新华书店
印 刷 者:武汉中远印务有限公司
开　　　本:787mm×1092mm　1/16
印　　　张:9
字　　　数:126 千字
版　　　次:2020 年 12 月第 1 版
印　　　次:2020 年 12 月第 1 次印刷
定　　　价:68.00 元

作者简介

　　张翠娥，女，1973 年 11 月出生，广西荔浦人。博士，华中农业大学教授，博导，主要研究方向为农村社会学、农村社会工作、农村社会保障。主持国家社科基金 2 项，公开发表学术论文 40 余篇，出版学术专著 2 部。科研成果曾获湖北省社科优秀成果奖一等奖、湖北省调研成果奖一等奖以及湖北省"妇女生存与发展"优秀调研成果一等奖。主编教材 1 部，副主编教材 2 部，曾获湖北省教学成果一等奖、华中农业大学教学质量一等奖。2015 年入选武汉市政府人才项目"黄鹤英才"社会工作专项资助计划。

　　王妮萍，女，1993 年 10 月出生，陕西眉县人。本科毕业于湘潭大学社会学专业，现为华中农业大学社会学专业硕士研究生，主要研究方向为农村社会学。

前　　言

　　本书运用嵌入性理论,通过对华中农业大学在定点扶贫建始县过程中形成的"六个一"产业精准扶贫模式的全面考察,在分析其产生与发展过程的基础上,重点探讨了其科技益贫的实现机制。在微观层面上,产业攻关项目不仅自身兼具科研与扶贫双重属性,而且其负责人所主持的项目呈现出扶贫项目与科研项目互嵌的特征;在中观层面上,为回应帮扶产业不同阶段的发展需求,华中农业大学设置了分工明确、相互配合的多个项目,形成了围绕特色产业发展相互嵌套的产业扶贫项目群;在宏观层面上,在国家定点扶贫的制度要求下,华中农业大学整合自身优势资源对接地方产业发展需求,其产业扶贫项目紧密围绕所帮扶的贫困县进行设置,呈现出明显的单向嵌入特征。正是通过从微观到宏观的多层嵌入,华中农业大学将人员、物资、技术/方法、理念等产业扶贫的关键要素嵌入建始县整个扶贫体系中,依托扶贫项目增强产业技术的益贫性,提升产业的带贫力,推动产业发展,进而达成扶贫目标,由此创造了一种高校参与反贫困治理的新模式。

　　由于作者时间和精力有限,书中难免存在错漏之处,敬请读者批评指正。

作者
2020 年 8 月

目　录

第一章 导论

　　2012 年以来，根据国家要求，大批高等院校加入定点扶贫行列，在扶贫实践中探索形成了形式多样的扶贫模式。这些扶贫模式在推动贫困地区脱贫攻坚上发挥了重要作用，逐渐发展成扶贫研究的新课题。作为教育部直属的全国重点大学，华中农业大学在定点扶贫建始县过程中探索形成了"六个一"产业精准扶贫模式，即"围绕一个特色产业，组建一个专家团队，设立一个攻关项目，支持一个龙头企业，带动一批专业合作社，助推一方百姓脱贫致富"。这一模式在实践中取得了突出成效，先后多次获得党中央和教育部的表彰。本研究尝试从学术的视角对其进行审视，主要聚焦于高校的农业科学技术在贫困地区产业扶贫中的实现机制，即技术是如何作用于贫困地区的产业发展，从而实现产业扶贫目标的。这既是华中农业大学"六个一"产业精准扶贫模式的主要创新与价值所在，也是当前产业扶贫研究与实践的一个难题。

第一节 研究背景

　　华中农业大学产业精准扶贫模式的形成与发展，是高校参与脱贫攻坚战略的一个缩影。以此为个案，我们不仅可以一窥作为重要社会力量之一的高校参与扶贫的实践特点，而且通过这一案例，可以深刻感受具有中国特色的扶贫模式的形成与发展。因此，本研究对于华中农业大学产业精准扶贫模式的考察,主要从中国社会扶贫力量不断壮大、意义日益凸显,定点扶贫经验模式日趋丰富、成效彰显,具有中国特色的扶贫理论日趋成熟三个社会背景下来进行分析和思考。

一、社会扶贫意义日益凸显

以 2011 年国家颁布实施《中国农村扶贫开发纲要(2011—2020年)》为标志,中国的扶贫开发进入一个新的历史时期,社会扶贫开始在扶贫中扮演着越来越重要的角色。动员和组织全社会力量参与脱贫攻坚,既是中国特色社会主义扶贫开发事业的重要组成部分,也是中国实现全面脱贫的必经之路。

社会扶贫作为构成大扶贫开发格局"三极"中的重要"一极",基本形式主要包括东西部扶贫协作、定点扶贫、军队和武警部队扶贫、企业扶贫、社会组织扶贫、扶贫志愿活动等。从我国反贫困的实践经验与扶贫成效来看,社会扶贫的力量正在不断壮大,成效逐渐凸显。以社会组织扶贫为例,自《中国农村扶贫开发纲要(2001－2010 年)》中明确提出要建立政府主导、社会参与的贫困治理格局,吸纳社会组织参与扶贫后,社会组织参与贫困治理步入了快速发展期。2001 年 10 月 28 日至30 日,中国 NGO 扶贫国际会议在北京召开,170 多个海内外 NGO 参加了会议并发表了《中国 NGO 反贫困北京宣言》。这不仅标志着社会组织开始主动和自觉地将贫困治理作为主要的行动路线之一,也标志着社会组织在扶贫领域开始形成共识与协同行动。[①] 然而,在社会扶贫实践迅速展开的同时,社会扶贫的理论研究却一直没有受到足够重视。对东西部扶贫协作、定点扶贫、军队与武警部队扶贫、企业扶贫等形式多样的扶贫实践的经验总结不少,但对其进行的学术理论思考却明显

---

① 武汉大学中国国际扶贫中心.中国反贫困发展报告(2016)社会组织参与扶贫专题[M].武汉:华中科技大学出版社,2016.

不足。加强对社会扶贫实践的理论思考,明确各类社会扶贫实践的模式创新与发展方向,不仅是进一步提升社会扶贫成效的现实需要,也是本研究的理论背景。

二、定点扶贫经验不断累积

1986年开始实施的定点扶贫是我国社会扶贫的重要形式。定点扶贫作为中国特色扶贫开发道路的一项创举,以国家扶贫开发工作重点县为主要对象,优先考虑西部地区,重点支持革命老区、民族地区、边疆地区、贫困地区的重点县。经过30余年的探索与实践,定点扶贫已经发展成为我国扶贫开发工作中一支重要力量。

由于中央政府采取梯次动员的方式来推动定点扶贫工作,因此各定点扶贫的帮扶单位是依据国家安排分批依次纳入定点扶贫行列的。一开始,主要是由科技、农业、林业、地质矿产等10个部委利用他们与农村关系密切的优势,分别在全国18个集中连片的贫困地区选定一个区域作为联系点开展定点扶贫。之后,参与的主体逐渐扩大,发展为16部委对18个集中连片贫困区的定点帮扶。此后,定点扶贫历经了"内生式"扶贫、"运动式"动员扶贫到"制度化"扶贫的过程,逐渐演变为一项制度安排。至2015年,参与定点扶贫的单位已经增加到320个,实现了中央单位定点扶贫资源和贫困县的两个全覆盖。参与定点扶贫的各单位结合自身优势,针对帮扶对象形成了多种多样的定点扶贫实践模式。尤其是党的十八大以来,随着"精准扶贫"的提出,中国扶贫战略实现重大转变,各定点扶贫帮扶单位据此不断进行模式创新,提升帮扶的精准度,为贫困地区打赢脱贫攻坚战做出了重要贡献。及时总结定点扶贫取得的新进展、新经验,既是强化定点扶贫工作的迫切需要,也是本研究的实践背景。

三、中国特色扶贫理论发展日趋成熟

中国已经摸索出一条具有自身特色的扶贫开发道路,在扶贫上的成就举世瞩目。中国特色扶贫开发的经验做法,可以概括为五个坚持,即坚持改革创新、坚持党的领导和政府主导、坚持可持续投入、坚持开发式扶贫、坚持协同推进[①]。

随着脱贫攻坚战略的深入推进,扶贫主要面对的是连片特困地区的深度贫困人群。作为扶贫攻坚主战场,这些贫困地区地理位置偏远,自然灾害多发,基础设施与公共服务落后,生存与发展条件恶劣,其扶贫过程中也呈现出一些新的问题与特点,"扶持谁、谁来扶、怎么扶、如何退"不能简单套用既有的模式,迫切需要发展出新的理论进行解释和指导。深入剖析中国扶贫实践中的新经验、新模式,是丰富发展具有中国特色扶贫理论,推动中国扶贫模式走向世界的客观要求,也是本研究的目标指向。

舒尔茨在《改造传统农业》一书中提出,发展中国家的传统农业是不能对经济增长做出贡献的,只有现代化的农业才能对经济增长做出重大贡献。因此,问题的关键是如何把传统农业改造为现代化农业[②]。在贫困地区,传统农业难以对脱贫做出贡献。产业扶贫的关键是如何将弱势的农户所从事的传统农业融入现代化农业。因此,本研究以华中农业大学的产业精准扶贫模式为典型个案,重点探讨如何在产业扶贫中发挥农业大学的优势将技术嵌入扶贫体系中,通过增加技术的益贫性来推动产业扶贫目标的实现。

---

① 黄承伟.中国特色扶贫开发道路不断拓展[N].人民日报,2018-08-26(5).

② 西奥多·W.舒尔茨.改造传统农业[M].梁小民,译.北京:商务印书馆,2006.

第二节　产业扶贫中的高校参与

一、从生产扶贫到产业扶贫

1. 生产扶贫与产业扶贫的内涵辨析

作为脱贫攻坚"五个一批"中的第一批,"发展生产脱贫一批"也常常被认为是最重要的一批。在实践中,由于生产扶贫的主要方式是发展以市场为导向的地方特色产业,因此产业扶贫(也称产业化扶贫)几乎成为生产扶贫的代名词。从学者们的使用情况来看,绝大多数研究都使用了产业扶贫或产业化扶贫的概念,但很少有学者探讨生产扶贫与产业扶贫两个概念之间的关系或者差异。

对于生产扶贫,田小红认为这是一种全方位市场化的管理方法。基于中国贫困管理历史,田小红将生产扶贫与赈灾救济、计划经济和最低生活保障并列为四种模型,认为中国贫困管理模型客观上经历了从赈灾救济、计划经济、生产扶贫到最低生活保障的变化过程。[①] 在此,生产扶贫成为一种典型的贫困管理模型,其基本理念是贫困管理应摒弃简单救济性的"输血",转变为生产扶贫式的"造血"。

对于产业扶贫,自《中国农村扶贫开发纲要(2011—2020 年)》将其列入政府主导的专项扶贫后,学术界对其关注度显著提升,研究数量也迅速增加,但对其内涵进行界定的文献却不多。牟秋菊梳理学者们的研究后指出,既有研究在产业扶贫的界定上已经达成了基本共识,即以市场为导向,强调培育造血功能,以解决贫困农户的发展能力为核心,

① 田小红. 中国贫困管理:历史、发展与转型[M]. 北京:中国社会出版社,2009:263-264.

倾向于规模、区域和经济效益为中心等。同时,研究也明确提出当前对产业扶贫概念的理解存在差异,这种差异可能会导致研究的偏离,建议不应过多关注产业扶贫中产业的规模化与集聚化,而应重视其扶贫目标。[①]

针对产业扶贫与生产扶贫之间的差异,叶敬忠、贺聪志基于河北省太行山区村庄的扶贫行动指出,生产扶贫本身有多种形式,主要分为围绕主流无限市场的"产业生产"和依托巢状市场的"小农生产"两种模式[②]。这一研究将生产扶贫划分为产业生产与小农生产两种模式,这实际上也明确区分了生产扶贫与产业扶贫,即从内涵来看,生产扶贫包含了产业扶贫,产业扶贫只是生产扶贫的一种模式。

2. 产业扶贫的组织方式

尽管叶敬忠、贺聪志认为小农扶贫与产业扶贫两种方式各有优势和不足,分别适合不同特征的贫困群体,但从发展方向来看,产业生产无疑是现代社会发展的总体趋势。也正是因为如此,2015 年 11 月 29 日颁布的《中共中央 国务院关于打赢脱贫攻坚战的决定》明确提出要发展特色产业脱贫,制定贫困地区特色产业发展的规划。近年来,产业扶贫实践形成了众多的扶贫模式,相关研究成果也迅速增加。

学者们从不同理论视角对不同组织形式的产业扶贫进行了考察分析。其中,李博、左停以位于环京津贫困带 A 县 Y 村依托合作社所实施的大棚蔬菜产业扶贫为例,从精准扶贫的视角分析了产业扶贫的基本逻辑与实践路径。研究发现,产业扶贫实施前的权力主导和弱势吸纳,实施中扶贫资源的股份化运作以及实施后的事本主义共同导致以合作社为依托的产业扶贫功能的式微。在产业扶贫所呈现的中央和地

---

① 牟秋菊. 精准视阈下贵州农村产业扶贫实践困境探析[J]. 湖南财政经济学院学报,2018(4):41-48.
② 叶敬忠,贺聪志. 基于小农户生产的扶贫实践与理论探索——以"巢状市场小农扶贫试验"为例[J]. 中国社会科学,2019(2):137-158,207.

方"委托一代理"关系中,双方利益诉求的差异迫使地方以打造"戴帽项目"和"亮点工程"来进行权力寻租,产业扶贫目标靶向出现了偏离。另外,扶贫资源资本化和蔬菜种植规模化的产业发展模式使产业扶贫陷入了重产业发展而轻扶贫济困的困境,扶贫和开发处于一定程度的脱嵌状态。最后,产业扶贫以项目制为核心追求的"短平快"逻辑形成了产业发展的非持续性。面对产业扶贫所存在的一系列问题需要进一步完善产业申请、考核、验收与评估,建立产业依托主体的准入制度,制定产业扶贫的后续扶持政策。[①] 许汉泽、李小云则以华北李村"整村推进、连片开发"产业扶贫项目为例进行了分析,发现在产业项目申请阶段容易出现"精英捕获"与"弱者吸纳";在产业进行中常常遭遇由逆向软预算约束带来的"政策性负担"以及规模化经营不善等问题;在产业完成之后又面临着后续维护的缺失与农民生计系统的损害。研究指出,产业扶贫的地方实践与国家"精准扶贫"的政策目标存在一定偏差。笔者认为,产业扶贫背后隐藏着扶贫济困的社会道德逻辑与产业发展的市场化逻辑的矛盾,前者决定了产业扶贫是以项目为载体,后者则容易导致规模化的经营方式,两种逻辑之间的张力与冲突增加了产业扶贫项目失败的风险。市场化的逻辑追求的是资源之间优化配置与市场效益的最大化,这就要求产业发展以市场为导向,以经济效益为中心,具体来看则需要通过最有实力的公司和资本的带动,将产业做大做强,进而在市场竞争之中占据优势,最终获得最大利润。社会道德层面的逻辑则强调要扶贫济困,产业的发展并不是完全追求利益,而是为了承担社会责任,通过产业发展来带动处于社会底层贫困户的发展,从而使贫困户能够享受到产业发展的益处进而脱贫致富,这是一种"扶弱"的逻辑,是政府道德观的具体呈现,更多表现出来的是一种底线思维。现实中,

---

① 李博,左停.精准扶贫视角下农村产业化扶贫政策执行逻辑的探讨——以Y村大棚蔬菜产业扶贫为例[J].西南大学学报(社会科学版),2016(4):66-73,190.

在市场化逻辑指导下通过优势企业发展产业虽然能够带来经济增长，但并不一定能够使所有贫困户受惠；而完全倾向于照顾和吸纳贫困户的政策通常不利于产业本身的发展。因此在产业扶贫项目运行的过程中，市场的逻辑与社会的逻辑很容易产生矛盾与冲突，二者之间的强大张力不可避免会影响产业扶贫的实践成效。①

　　孙久文、唐泽地将产业扶贫的组织模式分为龙头企业带动型、合作社或大户带动型、电商平台带动型三种类型，指出产业扶贫的利益联结机制有合同方式、合作方式、资产收益方式等②。闫东东、付华着重分析了产业扶贫模式中龙头企业参与扶贫过程的行为，一方面通过建立龙头企业群体之间的博弈模型，在有政府监管和缺乏政府监管的情形下，分析其进化稳定策略和动态复制方程，以判断龙头企业所采取的最优决策；另一方面建立了龙头企业和政府之间的收益矩阵，分析了其进化稳定策略。同时，通过对龙头企业和政府部门的博弈分析，为落实政府扶贫政策、促进龙头企业积极参与扶贫提出了建议。③

　　一些研究则关注了特殊地区的产业扶贫。如包玉华通过对少数民族贫困地区的产业扶贫的研究指出，根据少数民族贫困地区的经济社会条件和扶贫开发经验，应当选择集体经济产业扶贫模式，这就需要不断创新集体经济产业扶贫模式，在确定组织形态的基础上，选择模式运作的重点项目，设计长效运行机制，从而保障精准扶贫效果和精准脱贫成果④。李志萌、张宜红对赣南老区的研究显示，产业扶贫是革命老区探索脱贫致富的内生性机制，对于促进就业、拉动经济增长、带动贫困

　　① 许汉泽，李小云.精准扶贫背景下农村产业扶贫的实践困境——对华北李村产业扶贫项目的考察[J].西北农林科技大学学报(社会科学版)，2017(1)：9-16.

　　② 孙久文，唐泽地.中国产业扶贫模式演变及其对"一带一路"国家的借鉴意义[J].西北师大学报(社会科学版)，2017，54(6)：5-10.

　　③ 闫东东，付华.龙头企业参与产业扶贫的进化博弈分析[J].农村经济，2015(2)：82-85.

　　④ 包玉华.民族地区产业扶贫模式选择与创新研究——基于内蒙古实践探索[J].安徽农业科学，2018，46(36)：206-209，218.

农户增收具有重要意义①。

3.产业扶贫成效的争议

产业扶贫的成效是产业扶贫的焦点问题,也是学者们争论最多的问题。张琦,王建民指出,由于产业扶贫很难与产业发展明确区分,这导致针对性研究较为困难。产业扶贫成效的研究,大多停留在具有较强宣传性的经验总结层面,通过实证调查运用各种方法对产业扶贫成效进行探讨的研究较少。在少量的实证研究中,落脚点也是产业发展与农民收入之间的关联,没有真正聚焦到扶贫和贫困人群,因此更多的是在强调产业发展而非产业扶贫,存在明显的失焦问题。②

对于产业扶贫的成效,学者们的研究结果分歧很大。一些研究肯定了产业扶贫的成效。如白丽、赵邦宏认为产业扶贫可以极大地调动农户参与产业化经营的积极性,促进贫困地区增产增收,是一种行之有效的扶贫方式,并指出要确立龙头企业带动型产业扶贫模式,企业要通过组建园区加强对基地的控制,主动吸纳广大贫困农户参与产业化经营③;韩斌认为产业扶贫形成了贫困家庭收入的主要来源,同时缓解了贫困地区脆弱生态环境面临保护与发展的危机,有利于可持续发展,应该统一规划,扩大规模,增大对群众收入的推动④。一些学者则提出了相反看法。如孙兆霞通过对贵州产业扶贫的调查,发现政府主导的产业扶贫项目因为缺乏村庄社会性参与和公平平台的承接与运作,往往会导致扶贫目标偏移、拉大贫富差距、加速村庄原子化溃败以及降低农民对政府的政治信任等后果⑤;马良灿则认为产业项目扶贫运作逻辑受

---

① 李志萌,张宜红.革命老区产业扶贫模式、存在问题及破解路径——以赣南老区为例[J].江西社会科学,2016,36(7):61-67.

② 张琦,王建民.产业扶贫模式与少数民族社区发展[M].北京:民族出版社,2013:27.

③ 白丽,赵邦宏.产业化扶贫模式选择与利益联结机制研究——以河北省易县食用菌产业发展为例[J].河北学刊,2015,35(4):158-162.

④ 韩斌.我国农村扶贫开发的模式总结和反思[J].技术经济与管理研究,2014(6):119-122.

⑤ 孙兆霞.脱嵌的产业扶贫——以贵州为案例[J].中共福建省委党校学报,2015(3):14-21.

到上级政府、基层政府和农民群体三个行为主体利益博弈的影响与塑造,产业化扶贫政策运行脱离地方实践和贫困群体的实际需求,导致国家意志和贫困群体主体性需求难以实现①。也有一些学者认为应该将产业扶贫进行细分化来考察其成效。如肖唐镖、石海燕通过对 12 个扶贫样本村调查资料的分析,发现投向改善村民生产活动类的项目呈现正效应,而直接投向生活的产业发展类项目呈现负效应②。

　　比较以上学者们的观点不难发现,对产业扶贫成效的争议,既与学者们关注的主要对象有关,也与其使用的调研方法有关。但整体上来看,产业扶贫的益贫性依然存在着较多的研究盲点,而这不仅可能影响研究结论的可靠性与准确性,还可能导致对产业扶贫实践的误导、误判。

二、高校产业扶贫的实践与研究

1. 高校扶贫概况

　　随着众多高校参与定点扶贫,对高校扶贫经验的研究也日益增多。从教育部的相关介绍来看,目前我国高校扶贫工作主要涵盖教育扶贫、产业扶贫、健康扶贫及文化扶贫等领域,具体包括教师培训、职业技能培训、疾病治疗及职业医师培训、文化创意产业扶贫、旅游业特色扶贫、产业精准扶贫、借助校友力量助推帮扶工作、协助开展扶贫工作规划、以社会工作助推乡村治理等方面。

　　郎宏文、孙世俊对具有代表性的高校扶贫模式进行了分类,将其概括为高校社团志愿服务、高校图书馆文化扶贫、高校人才教育扶贫、政用产学研扶贫、高校智库扶贫、高校党建扶贫六种模式。③ 整体来看,研

---

　　① 马良灿.农村产业化项目扶贫运作逻辑与机制的完善[J].湖南农业大学学报(社会科学版),2014(3):10-14.

　　② 肖唐镖,石海燕.农村经济增长政策的扶贫效应分析[J].新视野,2009(2):26-29.

　　③ 郎宏文,孙世俊.基于"四四五"工作思想的高校扶贫模式分析[J].高等农业教育,2019(6):22-26.

究不仅体现出突出的以校本研究为主的特点,而且多以经验总结为主,学理性的研究探讨很少。

大多数对高校扶贫的研究都是对高校扶贫工作的整体性分析,如程华东、尹晓飞基于第一批参与定点扶贫44所教育部直属高校的扶贫报告的文本分析,从教育、产业、人才、医疗四个方面总结了高校扶贫工作的主要做法,以中国农业大学、南京农业大学、华中农业大学、河北农业大学的扶贫模式为典型案例,对农业高校精准扶贫模式的基本内涵、主要特征及创新路径进行了探讨。[①]

对具体模式的研究主要集中在教育扶贫模式与产业扶贫模式上,由于高校本身在教育扶贫中具有的独特优势,对教育扶贫的研究成果最多。如阎桂芝等通过对清华教育扶贫模式的研究,指出其具有三个基本特点,即利用现代网络技术搭建学习平台,建立远程教学点,克服教育的时空阻隔,实现教育资源的共享与流动;利用校内资源建立专业化的师资队伍,组织巡回式系统性支教活动,实现教师资源的有效帮扶;利用社会各界力量,汇聚社会资源为教育扶贫工作提供物质保障。研究同时指出,清华教育扶贫模式最大的创新在于多元化扶贫,将扶贫对象从教师和学生拓展到政府干部、医疗人员、职业技术人员和普通农民等,实现了全方位教育扶贫[②]。也有学者总结归纳了教育扶贫中存在的主要问题,如熊文渊指出当前高校教育扶贫存在同质化、功利化、盲目化的问题[③]。

2. 高校产业扶贫的主要模式

胡兴东等认为,高校产业扶贫的主要模式有产业资源与技术结合

---

① 程华东,尹晓飞.农业高校精准扶贫模式创新探究——基于四所农业高校的案例[J].华中农业大学学报(社会科学版),2018(2):72-78,158.

② 阎桂芝,何建宇,焦义菊.教育扶贫的清华模式[J].北京教育(高教),2014(5):7-10.

③ 熊文渊.高校教育扶贫:问题与路径[J].当代教育科学,2014(23):43-46.

型、技术带动下的产业资源补充型和技术优势转化下的产业培育型[①]。

具体来看,高校在定点扶贫过程中探索形成了众多的模式。较为典型的有:浙江大学定点扶贫滇西南中部的景东彝族自治县,以科技引领助推产业扶贫,探索创建了"高校＋政府＋企业＋合作社＋基地＋贫困农户"的"六位一体"产业扶贫运行模式,扶持景东的核桃、茶叶、乌鸡、食用菌成为当地的主导产业和特色产业;华中农业大学定点扶贫恩施州建始县,探索建立了"围绕一个特色产业,组建一个专家团队,设立一个攻关项目,支持一个龙头企业,带动一批专业合作社,助推一方百姓脱贫致富"的"六个一"产业精准扶贫模式;湖南大学定点扶贫花瑶少数民族聚居地区的隆回县,基于当地挑花工艺的文创产品协同创新、面向当地农产品品牌打造的设计创新,以及面向生态旅游产业品牌打造的设计创新,围绕特色产业扶贫,形成了隆回"花瑶花"文化创意产业精准扶贫;湘潭大学定点扶贫龙山县补洲村,探索形成了"大学＋村级集体组织＋基地＋农户"的订单农业运作模式等。

对这众多模式,新闻媒介进行的相关报道宣传很多,高校自身进行的模式经验总结也不少,也有一些研究生以此为基础写作了学位论文,但发表的期刊论文却并不多。其中较有影响的研究成果主要有程华东、刘塑以华中农业大学定点扶贫建始县的实践为个案,在三螺旋理论的基础上进行了深化与拓展,提出了以产业为纽带,农户、企业、高校、政府四主体相互作用的四螺旋模型[②];李俊杰、李晓鹏以中南民族大学在武陵山片区的扶贫为案例,创新性地扩展了五力模型的内涵,提出了高校参与精准扶贫的五个着力点,即教育扶贫、人才扶贫、产业扶贫、科

① 胡兴东,温亚昌,崔茂乔.高校产业扶贫模式及路径选择研究[J].社会主义论坛,2018(3):51-52.
② 程华东,刘塑.高校教育精准扶贫模式探究——以华中农业大学精准扶贫建始县为例[J].华中农业大学学报(社会科学版),2017(3):17-22,149-150.

技扶贫与思想文化扶贫①。但总体来说,在扶贫成为热门研究主题的背景下,学界对高校扶贫进行的研究探讨却并不多见,发表的学术期刊论文也较少。这可能是由于这些模式多为实践经验总结,学术探讨的价值不足,但也可能是学术界忽视或者低估了对此进行学术研究的意义。

三、高校产业扶贫的研究意义

纵观既有研究成果,产业扶贫的研究体现出以下一些基本特点:第一,从研究所关注的扶贫类型看,由于我国扶贫工作是以政府为主导的,因此对社会扶贫的研究重视程度相对不够,尤其是处于社会扶贫与政府扶贫交叉领域的定点扶贫,整体上不仅研究数量较少,深度也明显不足。第二,从研究所关注的对象看,尽管高校一直参与扶贫,但因扶贫并非其最重要的职能,因此在扶贫实践和扶贫研究中,高校这一主体整体上都没有得到足够重视。而且由于高校最丰富的资源是教育资源,其参与扶贫的基本途径主要是教育扶贫,因此在为数不多的对高校扶贫模式研究中,也主要集中在教育扶贫上,对产业扶贫模式的调查研究明显不足。第三,从研究内容看,总结模式经验或描述工作方法的比较多,但对模式背后的理论支撑、模式的运作机制等进行学理性探讨的相对较少。第四,从研究方法来看,从理论研究和校本研究展开的较多,结合实证调查进行深入分析的较少。

对既有研究进行回顾可见,产业扶贫成效是当前研究的焦点,也是产业扶贫的关键点。但是,由于产业扶贫涉及不同地区,采用的方法、方式多样,在某一地区有效,不一定在其他地区有效,某一方法有效,其他方法不一定也有效。在没有全国性调查的情况下很难做出科学评判,更不能因为在某一地区失败或采取某一方法失败而否定整个产业

---

① 李俊杰,李晓鹏.高校参与精准扶贫的理论与实践——基于中南民族大学在武陵山片区的扶贫案例[J].中南民族大学学报(人文社会科学版),2018(1):79-84.

扶贫的成效。面对扶贫成效的争议,我们更关注那些已经在扶贫成效上获得了官方认可的模式或者方式、方法。如果能够从学术的视角对其进行审视,分析其产业扶贫的实现机制,无疑将有助于我们将成功经验进行复制推广,从而促进产业扶贫成效的提升。华中农业大学的"六个一"产业精准扶贫模式就是很好的个案。

综上,既有研究对产业扶贫的争论停留在成效的有无与大小上,更多关注的是产业扶贫目标的失准或者说偏离是如何产生的,却很少关注成功经验中,扶贫目标的实现机制是什么。本研究将华中农业大学的"六个一"产业精准扶贫模式作为个案,并不致力于描述这一模式的经验,而是尝试着剖析该模式中蕴含的一个扶贫难题的解决机制。尽管这一模式在报道或者学者研究中有多种呈现的方式,比如技术扶贫、科技扶贫、智力扶贫等,但一个显著的特征无疑是华中农业大学充分发挥其作为农业大学在农业科学技术上最大的资源优势开展产业扶贫。然而,技术本身并不具有益贫性,如何赋予技术以益贫性不仅是尝试通过技术改造、技术推广来推动扶贫工作面临的一个难题,也是当前学界研究中的一个核心议题。简而言之,华中农业大学的扶贫模式是如何使技术具有益贫性从而实现扶贫目标的呢? 这是本研究关注的核心问题。

第三节　研究的思路与方法

一、研究思路

本研究主要基于嵌入性理论视角探析华中农业大学"六个一"产业精准扶贫模式是如何实现技术的益贫性的。

　　嵌入性的概念最早由经济史学家波兰尼(Polanyi)于1944年提出。他在抨击新古典经济理论对于市场自律过度推崇的基础上,提出了市场嵌入社会、经济体系嵌入社会关系、经济整体性嵌入社会的思想,但在当时并未引起学术界的重视。1985年,格兰诺维特(Grannovetter)重新阐述了嵌入性的概念,提出经济行动嵌入社会结构之中,经济行为及其绩效受到关系网络的影响,由此开启了对经济行为嵌入性研究的热潮。嵌入性理论先后形成了多种分析框架,典型的主要有关系嵌入性与结构嵌入性两维框架,结构嵌入性、认知嵌入性、文化嵌入性和政治嵌入性四维框架等。然而,随着研究的深入,学者们逐渐发现,把不同层次的嵌入集中在一个分析框架,不仅容易忽视不同层次嵌入的本质和作用机制的差异,也容易忽视各层嵌入间的内在联系。于是一些学者开始研究不同层次的嵌入问题。哈格杜恩(Hagedoorn)基于企业的分析,将嵌入分为环境嵌入、组织间嵌入和二元关系嵌入三个层次,并强调理解这些不同层次嵌入互动的重要性。具体来说,这一框架包括三层次结构:一是宏观联系,即环境嵌入性,指一个国家或产业所具有的发展特性对组织经济行为的影响,它包括国家环境嵌入性和产业环境嵌入性;二是中观联系,即组织嵌入性,指组织所处的社会网络对其经济行为的影响,横向上反映组织合作关系的经验影响,纵向上反映组织过去参与多种网络的历史经验的影响;三是微观联系,亦即双边嵌入性,指两个组织间的合作关系对组织行为所产生的影响,其中相互承诺是双方建立合作关系的关键要素。在进行合作关系的选择和建立时,组织都会受到来自不同层次的外部环境和组织惯例的影响,因此,这三个层次往往共同发挥作用,必须全面考虑三个层次的综合作用[①]。本研究主要借鉴哈格杜恩的嵌入性分析框架。由于哈格杜恩的嵌入性

---

　　① HAGEDOORN J. Understanding the cross- level embeddedness of inter-firm partnership formation [J]. Academy of Management Review,2006,31(3):670-680.

分析框架致力于分析企业的伙伴关系建构,而本研究重点关注扶贫模式是如何通过嵌入增加技术的益贫性从而实现其扶贫目标的,因此,本研究主要借鉴了其层次嵌入的分析理念。

　　本研究认为,扶贫模式的研究,不能仅就模式谈模式。要深入探讨华中农业大学产业精准扶贫模式,首先必须了解此模式的发展过程。因此,本研究首先进行历史考察,探讨模式的形成过程与发展现状,明确嵌入是如何形成的;其次,从静态视角进行模式分析,主要考察嵌入的要素,明确嵌入的内容;再次,从动态视角探讨模式的运作机制,阐述嵌入是如何实现的;最后,对模式进行反思,归纳模式成效的特点及对模式推广的建议。

　　研究的思路框架如图 1-1 所示。

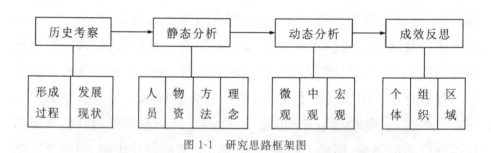

图 1-1　研究思路框架图

二、研究方法

1. 资料收集方法

　　第一,文献法。文献法是本研究的重要方法。本研究收集的文献资料主要包括:一是与定点扶贫相关的各项文件、制度、总结报告、个案典型材料等;二是华中农业大学定点扶贫的总体规划、年度计划、工作制度、总结报告、调查报告等;三是建始县围绕定点扶贫所形成的相关制度、政策、文件、总结报告等;四是参与定点扶贫的工作人员的扶贫记录、日志、总结报告等。

第二,访谈法。访谈法是本研究资料收集的主要方法。具体来说,本研究的访谈对象主要包括:(1)承担华中农业大学定点扶贫项目的负责人。主要了解项目的运作方式、成效等。本研究共访谈了9位项目负责人,访谈方式为半结构式访谈,访谈地点为项目负责人的实验室或本研究负责人的研究室等。(2)华中农业大学定点扶贫工作的管理者和主要工作人员。主要了解项目的设置、运作与管理考核的方法、程序等。本研究对2位项目管理部门的领导与工作人员进行了多次访谈,访谈方式为无结构访谈与半结构访谈相结合,访谈地点为项目管理办公室、本研究负责人的研究室和建始县扶贫现场。(3)参与华中农业大学定点扶贫工作的其他人员。主要是对2名驻村的第一书记和挂职干部进行了访谈,他们既是项目的链接者,也是落地执行者之一。主要了解他们对项目扶贫工作的态度,在项目扶贫中的主要工作、运用的主要方法、取得的主要成效等。(4)华中农业大学定点扶贫的对象即贫困户。主要了解其对项目扶贫的评价、在项目扶贫中的参与及其获益情况。本研究一共深入访谈了30个贫困户。(5)华中农业大学定点扶贫的典型村庄、农民专业合作社、龙头企业的负责人和关键农户(种养殖大户、技术能手等)。了解其在华中农业大学产业精准扶贫模式中的定位与作用,对扶贫模式的评价等。研究一共深入考察了4个典型村庄、10个农民专业合作社、5个龙头企业、20余名关键农户。(6)建始县当地各级相关政府部门的领导。主要了解建始政府部门对华中农业大学产业扶贫与定点扶贫的态度、支持措施、评价等。本研究一共访谈了3位扶贫办领导、6位乡镇及相关部门领导。

第三,实地调查法。一方面,对建始县的扶贫工作进行实地调查。课题组自2016年8月—9月,对建始县的所有乡镇,选择具有典型性的村庄、合作社、企业与扶贫工作队以及相关政府部门,进行了第一轮实地考察。此后,每年选择一些典型的村庄进行深入调研。实地考察的企业、合作社、村庄主要有:(1)龙头企业。重点考察的龙头企业主要有湖北枸杞珍酒业有限公司、湖北花果山实业有限公司、湖北建始天龙实业公司、建始绮丽果业有限公司、恩施硒姑娘酒业有限公司、恩施广惠农业开发有限公司、恩施州齐兴农业开发有限责任公司等。(2)村庄。先后考察的村庄主要有业川镇秦家园村、猫儿坪村、马栏溪社区;长梁乡卸甲坝、七矿村、龙潭村;三里乡香树湾村、大牌村、扎鱼口村;红岩寺镇老板场村;茅田乡雪顶岩村、封竹淌村、瓦渣坪村;龙坪乡店子坪村、山羊头村、花椒园村、杨桥河村;景阳镇双寨子村、大天坑村;官店镇黄花坪村、猪耳河村、社坦村;花坪乡小西湖村、大洪寨村、马背龙村;高坪镇青里坪村、石门河村、陈家湾村。(3)相关部门。主要包括建始县畜牧局、农业局等。另一方面,自 2016 年以来,参与定点扶贫专家团队的会议、汇报、工作对接及扶贫的具体实践过程,了解定点扶贫工作的推进方式、组织方式、管理方式、评估方式,掌握定点扶贫的工作机制。同时,与扶贫专家团队一起实地考察龙头企业、合作社、贫困村与贫困户。此外,为了更好地了解建始县和华中农业大学扶贫工作的开展情况,2017 年 8 月,团队成员夏立艳在建始县扶贫办进行了为期半个月的调研,2017 年 12 月—2018 年 6 月,团队成员王妮萍在华中农业大学负责定点扶贫的管理部门进行了近半年的实习。

2. 资料整理方法

所有资料收集之后,首先进行资料的审查,去伪存真、去粗存精。在此基础上,对资料进行编码。考虑到资料涉及多个单位,有属于中观的高校、村庄、龙头企业、合作社,也有属于微观的个体及其家庭。因此,在编码上,采用多级编码的方法。

由于本研究采用了建始县各级政府文件资料、统计数据和华中农业大学的工作计划、工作总结、工作文件等大量的文献资料,对于此类资料,除个案访谈资料中为保护被调查对象进行匿名化处理外,本研究分析时不进行匿名化处理。对于实地调查资料,为了避免对被调查者产生影响,本研究遵循社会科学研究的原则,对除了华中农业大学与建始县两个单位采用了实名制,其他所有个人、村庄、企业、项目等均进行了匿名化处理。

个案编码主要采用三级编码进行。第一级编码为单位,主要有两类:一是华中农业大学 HN,二是建始县 JS。第二级编码为身份,其中华中农业大学访谈对象主要有三类:一是项目管理相关工作人员 G,二是驻村第一书记 C,三是项目负责人 X;建始县访谈对象主要分为五类:一是扶贫办工作人员 F,二是乡镇政府工作人员 G,三是村干部与驻村工作队干部 C,四是企业负责人和合作社负责人 Q,五是贫困农户 P。第三级编码为个案序号。匿名化处理后,主要访谈个案的编码表见附录 2。需要说明的是,由于研究自 2016 年开始,持续时间较长,不少访谈对象都在不同时点接受了多次访谈,为了资料呈现的方便,本研究中每个个案仅使用一个编号,最后确认统一使用地域加上被访谈对象最完整的一次访谈的日期作为访谈记录编号,如果这一编号重复出现,则在其后增加字母序号进行区别。

3. 资料分析方法

由于收集的主要是定性资料,因此本研究主要采用比较分析和模式研究方法进行分析。

具体来说,在比较分析上,一方面,既运用求同法,也运用求异法。研究不仅关注不同扶贫项目之间的同质性,也关注不同扶贫项目之间的异质性,由此对项目的比较更为客观。另一方面,既注重横向比较,也注重纵向比较。在对扶贫项目进行分析时,不仅关注不同项目类型之间的异同,也关注项目发展不同阶段的异同,对项目的比较更为全面。

　　在比较分析的基础上,运用模式研究方法进行扶贫模式的理论分析。模式方法作为一种重要的研究方法,其要点在于明确主要矛盾、揭示基本特征、进行科学分类。在自然科学中常称为模型研究方法,在社会科学中常称为模式研究方法。这一方法要求将事物的重要因素、关系、状态与过程突出地呈现出来,以便于人们进行观察、实验、调查、模拟,并进行理论分析。其主要特点在于,摒弃事物次要的、非本质的部分,抽取事物主要的、有特色的部分进行研究。其主要程序是:首先,按照研究的目的,将客观事物的原型抽象为认识论上的模式;其次,通过模式的研究,获得客观事物原型的更本质、更深刻的认识①。

---

① 查有梁.教育模式[M].北京:教育科学出版社,1993:7.

第二章 模式形成

华中农业大学的"六个一"产业精准扶贫模式是如何形成的？本章将华中农业大学作为一个整体，通过对其扶贫模式形成与发展历程的考察，尝试在嵌入性视角下透视模式的形成过程。

第一节 模式的产生

根据国务院扶贫办、中组部、教育部等 8 部委《关于做好新一轮中央、国家机关和有关单位定点扶贫工作的通知》和教育部《关于做好直属高校定点帮扶工作的意见》文件精神，华中农业大学于 2012 年 11 月开始参与建始县的定点扶贫。

华中农业大学非常重视建始县的定点扶贫工作，在不断探索更好扶贫举措的同时，也在不断总结经验教训，逐步完善扶贫模式，提升扶贫成效。尤其是在 2017 年后，随着学校产业扶贫模式逐渐发展成熟，为了进一步明确工作目标，在对定点扶贫工作进行总结的基础上，学校对 2012 年以来的定点扶贫工作进行了阶段划分，明确将整个定点扶贫工作划分为全面调查、制定规划、项目启动、全面铺开、重点突破、特色形成与模式凝练七个阶段。从嵌入性理论视角出发，我们依据产业精准扶贫模式的发展状况，将这七个阶段划分为初期、中期和后期三个时期。

一、模式初期

在模式发展的三个时期中,初期的时间最短,只有半年左右的时间。这一时期,依次完成了定点扶贫的前期调查、规划制定与工作启动三个基本任务。从嵌入性视角看,在这一时期,作为帮扶方的华中农业大学和作为被帮扶方的建始县,虽然初步建立了联系,但基本上相互独立,没有嵌入。

1. 全面调查阶段

第一阶段的起始时间为接到定点扶贫任务到 2012 年年底,持续时间并不长。之所以将这一阶段命名为全面调查阶段,主要是因为这是本阶段华中农业大学定点扶贫工作的主要任务。

虽然在明确定点扶贫建始县任务之前,华中农业大学与建始县也有一些科研合作,但华中农业大学与建始县的"联姻",主要是为了更好地发展建始县的农业产业,在 2012 年调整帮扶单位时建始县积极向相关管理部门争取,主动选择了华中农业大学作为帮扶单位。华中农业大学接到帮扶任务时,对建始县的社会经济发展状况还缺乏足够的了解。因此,华中农业大学将第一阶段的主要任务确定为对建始县展开全面调查,主要目的是通过调研初步掌握建始县社会经济发展状况与扶贫工作的开展情况。在这一阶段,华中农业大学组织了一个由多学科专家组成的专家团队赴建始县开展调查研究,重点是了解对建始县农业产业发展至关重要的自然资源状况。

2. 制定规划阶段

全面调查完成后,华中农业大学的定点扶贫工作进入第二阶段,即制定规划阶段。这一阶段历时也不长,主要是 2013 年年初。此阶段的主要工作是通过校地共同协商,制定定点扶贫工作规划,签订协议。学校领导明确指出,蓝图指引行动方向,要做好定点扶贫工作,第一步必须要明确扶贫指导思想和总体框架,在全面调研的基础上进行战略谋划。为此,学校在第一阶段调研的基础上组织了多轮论证,最后校地共同编制了《定点扶贫建始县工作规划(2013—2020 年)》,也常被称为华中农业大学定点扶贫的"八年规划"。在这一规划中,确立了着重增强县域造血功能,以产业精准扶贫为载体,八年后实现建县始整体脱贫的奋斗目标。这个工作规划作为华中农业大学定点扶贫建始县的工作蓝图,为此后的定点扶贫工作指明了目标和行动路线。以此为基础,学校坚持"一张蓝图干到底",每年联合制订年度计划,坚持因人因地施策,根据贫困户的不同情况选择不同扶贫策略,明确具体工作目标、工作重点和工作要求,逐步将蓝图转变为现实。

3. 项目启动阶段

协议正式签订后,扶贫工作进入第三阶段,即选择扶贫工作切入点,正式启动定点扶贫工作。作为教育部直属的重点农业大学,华中农业大学充分发掘自身的资源与优势,选择了农业产业和教育作为扶贫工作的重点。在产业扶贫上,第一批初步确定了 4 个产业项目,产业的选择主要是基于建始的产业现状及对产业扶贫的需求。据调查,确定的第一个产业是玉米。当时建始县提出,建始县的"金建始"之称来源之一就是因为建始县金灿灿的玉米。但长期以来,建始县的玉米有产无业,期望华中农业大学能够对此产业进行帮扶。与此同时,结合教育优势,华中农业大学在建始县最偏远的官店镇选择了摩峰小学开展支教服务。同时,为了统筹做好定点扶贫的相关工作,选派了茶学博士周继荣挂职建始县科技副县长。

二、模式中期

这是扶贫模式逐步形成的时期。这一时期,扶贫工作逐步展开并制度化运行。从嵌入的视角来看,这一时期的嵌入由浅入深,但总体上是华中农业大学单向嵌入建始县的扶贫工作中。

1. 全面铺开阶段

这一阶段起始时间并不特别明确，但大致从 2013 年年初到 2015 年，持续时间 2~3 年。此阶段的典型特征是定点扶贫工作开始集中力量全面铺开。在此期间，产业扶贫项目不断拓宽，每年与建始县共同协商，新增 3~4 个项目。与此同时，基于集中力量做好定点扶贫工作的思路，逐渐将全校的扶贫力量聚集到建始县。之前分布到各地的以多种形式开展的与扶贫相关的工作，如挂职干部、博士服务团、科技特派员、"三区"科技人才、研究生支教团等，都逐步转为以建始县为聚集点。与此同时，将学校在扶贫中形成的一些较好的经验也运用到建始县的定点扶贫中来，逐渐推动各二级学院到建始县实施"111"计划，即一个学院，带一个扶贫项目，辐射一个县/市。这一阶段，也是各项具体工作制度的建立与完善阶段。

2. 重点突破阶段

这是学校定点扶贫的第五阶段，中心任务是突出重点、凸显实效。这一阶段，明确提出将产业扶贫与智力扶贫作为学校定点扶贫的重点。在产业扶贫上，主要结合建始县当地资源，找到校地双方共同认可的产业领域作为突破点，重点围绕特色产业开展扶贫工作。经过前期探索，因为建始县当地缺少玉米产业相关龙头企业，高校专家直接面向农户开展扶贫不仅费时费力，而且难以取得成效。经过第一轮实践检验，学校逐步认识到产业扶贫一定要遵循产业的发展规律来做，结合玉米产业项目的经验教训，在产业扶贫上建立了项目淘汰机制。

三、模式后期

模式后期是产业精准扶贫模式不断发展完善的阶段。这一时期，华中农业大学重点关注对定点扶贫工作的模式总结，从关注产业发展

转入关注扶贫成效。就产业扶贫来说,一些经扶持后发展较为成熟的
产业开始进入产业扶贫的阶段。从嵌入的视角看,定点扶贫开始借助
农民专业合作社的培育嵌入村庄,嵌入的程度不断加深。

1. 特色形成阶段

这是学校定点扶贫的第六阶段,基本特征是形成特色、注重精准。
2016 年后,随着定点扶贫的深入推进,学校开始对扶贫工作进行反思,
希望借助于扶贫模式的总结将定点扶贫的具体工作整合起来。调查显
示,"六个一"产业精准扶贫模式的雏形是有专家基于前期产业扶贫的
实践探索提出产业扶贫的"四个一"模式,即"一个产业、一个团队、一个
龙头企业、一方百姓"。经过专家们讨论,认为不能忽略了作为产业扶
贫重要主体的农民专业合作社,由此初步形成了"五个一"产业扶贫模
式。但仔细分析后,发现"五个一"模式的表述中未能将学校在扶贫中
的作用阐述清楚,忽略了这些都是在学校设立的产业攻关项目基础上
开展的,由此形成"六个一"产业扶贫模式。

这一阶段,人文社会科学的专家加入产业扶贫。人文社会科学专
家的加入主要是因为两个方面的原因。一是为了更好地研究和解决产
业扶贫中所面临的社会问题。随着产业扶贫工作的深入,扶持的一些
产业已经逐步完成了技术难题的攻克,生产技术问题得以较好解决,新
的问题尤其是产业的包装设计、营销策划等,已经突破了农业技术专家
的专业领域,迫切需要人文社会科学专家的加入。二是为了更好地总
结凝练模式,提升扶贫成效。学校期望人文社会科学专家的加入,能对
学校的定点扶贫模式从学理上进行研究,充分发挥建言献策的功能,为
完善定点扶贫工作提供新思路、新助力。

2. 模式完善阶段

这是当前仍在进行的阶段。这一阶段面临的主要问题是扶贫模式
的发展和完善。如何凝练模式、总结特色是本阶段的基本任务。与此

同时,在被帮扶产业不断发展壮大的同时,结合精准扶贫战略的深入推进,学校将重心转移到产业的扶贫成效上。作为定点扶贫,其关注的重心是整个县域的发展能力,注重的是区域脱贫,而精准扶贫战略聚焦于贫困户,着重于贫困人口的脱贫能力。如何通过定点扶贫促进精准扶贫的实现,这既是脱贫攻坚战略对高校定点扶贫提出的新要求,也是这一阶段学校在定点扶贫中思考和实践的重点。与此同时,如何充分发挥人文社会科学专家的作用,将行政语言与学术语言相结合,通过对学校的扶贫模式进行学理分析,进一步促进现有扶贫模式的发展完善,这既是当前阶段的目标与任务之一,也是本研究的缘起和目标。

第二节　模式的现状

一、模式的要素构成

1. 要素系统

"六个一"产业精准扶贫模式作为典型的项目扶贫模式,是由六个"一"构成的一个系统。从模式的描述来看,每个"一"都可以看作项目扶贫模式的一个构成要素。项目扶贫模式是由专家团队、攻关项目、龙头企业、专业合作社、地方百姓、特色产业六个要素所构成的一个系统。

对六个要素的进一步分析可见,首先,从构成要素的性质来看,可以分为三类:一是项目扶贫的供给方,主要是专家团队;二是项目扶贫的对象,包括特色产业、龙头企业、专业合作社和地方百姓;三是链接双方的中介,即产业攻关项目。从要素的属性来看,专家团队、龙头企业和专业合作社、地方百姓都是由人所组成的,攻关项目在其中属于一个特殊要素,它是为创造独特的产品、服务或成果而进行的临时性工作,即与人紧密相关,是由人所制定、由人所执行,本质上属于一种任务安排方式。

2. 要素关系

如果将项目扶贫模式视为一个系统,则构成这一系统的诸要素之间的关系并不是割裂的,而是具有紧密的联系。华中农业大学对此模式的解读,如图 2-1 所示,明确"靶向"的特色产业是基础,组建专家团队是核心,设立产业攻关项目是保障,支持龙头企业发展是关键,带动一批专业合作社是有效途径,助推一方百姓脱贫致富是目标。

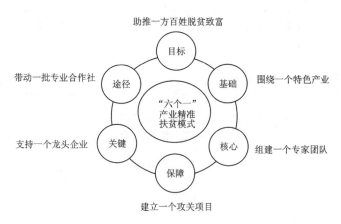

图 2-1　华中农业大学"六个一"产业精准扶贫模式

从系统的视角来看,助推一方百姓脱贫致富是整个模式的目标,其他五个要素都是实现这一目标的方式方法。尽管这五个要素都是围绕该扶贫目标形成的,但它们对于扶贫目标的达成意义是不同的。其中,特色产业是基础,如果没有这一基础,其他四个要素无法发挥作用,也就谈不上达成目标。

从要素之间的逻辑和要素所属的主体出发,我们绘制了图 2-2。这个图更明晰地指出了来自华中农业大学和建始县两个主体的六个要素之间的关系。由图 2-2 可见,模式的基础起点和目标终点都在建始县。在起点到终点之间,首先需要学校的行动。学校设立产业攻关项目和组建专家团队是整个模式的行动起点。但仅有学校的行动无疑是不够的，必须通过支持建始县的龙头企业发展、带动建始县的专业合作社才能实现目标。

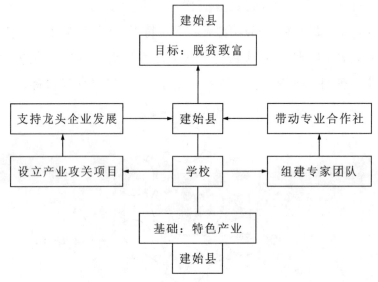

图 2-2　模式的要素关系图

　　如果忽略模式中诸要素本身的性质，只从要素所属的主体来看，我们不难发现，由于起点和终点都在建始县，因此，产业扶贫模式要取得成功，只能将学校的扶贫要素嵌入建始县这个大系统中去才有可能。从"六个一"产业精准扶贫模式的表述来看，主要嵌入的要素就是依托产业攻关项目的专家团队，而内嵌在其中的关键要素是产业技术。

二、关键环节

　　华中农业大学产业扶贫的具体做法如图 2-3 所示。结合我们对专家团队的调查，以下主要对一些关键环节的具体操作进行分析。

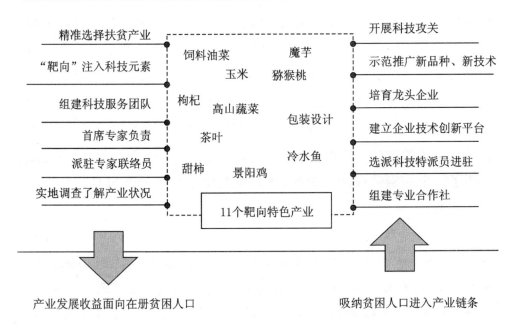

精准选择扶贫产业
"靶向"注入科技元素
组建科技服务团队
首席专家负责
派驻专家联络员
实地调查了解产业状况

饲料油菜 魔芋
玉米 猕猴桃
枸杞 高山蔬菜 包装设计
茶叶 冷水鱼
甜柿 景阳鸡

11个靶向特色产业

开展科技攻关
示范推广新品种、新技术
培育龙头企业
建立企业技术创新平台
选派科技特派员进驻
组建专业合作社

产业发展收益面向在册贫困人口　　　　吸纳贫困人口进入产业链条

图 2-3　华中农业大学产业扶贫的具体做法

1.扶贫产业的选择

扶贫产业的选择是产业攻关项目确定的前提与基础。从所选择的产业来看,无论是猕猴桃、枸杞,还是高山蔬菜、冷水鱼等,其共同特征都是农业特色产业。选择把农业特色产业作为定点扶贫的突破口和重点领域,与华中农业大学作为一所农林类高校所拥有的资源条件是分不开的。这是学校对自身情况进行全面分析后,对定点扶贫工作做出的必然和最佳选择。建始县作为国家扶贫开发工作重点县,有着整体且系统的扶贫工作规划和安排,华中农业大学作为社会力量定点扶贫建始县,所拥有且能提供的主要资源就是农业领域的专业技术和人才智力支持。大学有大学的基本职能,客观条件让它无法广泛地参与到建始县所有的扶贫工作中。如果华中农业大学参与到建始县的多类扶贫开发工作中,比如推动文明乡村建设,即使高校的相关学科专家能够提供建设规划和设计方面的援助,但乡村基础设施建设需要的资金投入是高校无法提供的。如果只是为当地建设诸如爱心图书室这种一般社会力量也可以提供的扶贫方式,则无法体现农业高校参与定点扶贫的价值。因此,以华中农业大学最具优势的农学类学科资源来帮扶建始县的特色农业产业发展,对一个地处连片特困山区的贫困县来说,是再契合不过的选择了。而从实践来看,为何定位为特色产业,其实也是经历了一个探索过程的。对此,早期参与定点扶贫的专家是这样向我们描述的:

"(在这个模式中)产业的选择是很重要的。一个是本地要有基础、有条件,然后我们这边有实力来帮你做,这才能达到共赢。还有就是我们附加了一个内涵,就是产业要有特色,因为我们最早总结的'六个一'是瞄准一个产业或者针对一个产业,当时没有加特色。后来有一年在火车上一块去建始的时候聊到这个事,大家结合实践讨论,发现一定要是特色产业,一定是针对特色产业,因为在扶贫过程中我们发现一个产业没有特色的话,从它的山区地理位置和整个社会发展、经营理念这些来看,它是处于劣势的。作为一个后发的地区,尽管有后发的优势,但也有先天的弱势。如果做大众产品的话,必须考虑外围市场竞争的环境,做大的话需要有大量的资金投入,需要发展、积累,很难做得比别人好。所以后发必须选择有特色的产业,因为别人没有,就没有办法进行比较。怎么理解特色产业,我的理解首先是利用本地的特色资源,就是别人没有的东西。现在我们越来越清楚了,这个特有的资源是基础,没有这个基础的话,扶贫产业很难做起来。"(HN20170314G)

建始县位于鄂西南山区北部,以山地地形为主。特殊的地形地貌、气候和水文条件使得建始具有丰富的农业发展资源,魔芋、畜牧、林果、烟叶、中药材、蔬菜是当地的六大农业主导产业,产业的良好发展也会促进地方经济增长,同时也带动贫困人口发展生产,摆脱贫困。如何选择最具有扶贫力的产业来设置扶贫项目?从调查来看,产业攻关项目主要分为以下四类:

第一,支持当地农业产业发展最紧迫的项目。在华中农业大学开始定点扶贫建始县时,建始县当地已具有一定的猕猴桃和魔芋种植发展历史,但在病害防治和技术研发上面临着发展困境,亟待外界力量的帮助。华中农业大学 2013 年最早设立的一批科技项目中,"湖北省猕猴桃溃疡病发生调查及防治技术研究与示范推广"和"魔芋高吸水性纤维及应用"正是为解决建始县农业产业发展中的紧迫问题而实施的。这两个为解决问题而设立的项目取得了良好成效,项目完成后得到继续滚动支持,从而有效地巩固了建始县猕猴桃和魔芋的产业发展基础,同时也为其注入了新的发展动力。

第二,挖掘具有地方特色的农业产业项目。华中农业大学实施的产业扶贫项目除了帮助解决建始县农业产业发展中的问题,也致力于挖掘建始县农业领域的特色资源,农业产业发展若能实现地方特色品种的品牌化,在市场上会更具有竞争力。建始县因盛产玉米而有"金建始"的美称,玉米在当地有着规模可观的种植面积,"强优势玉米新品种'华玉 11 号'选育与推广"项目正是应建始县打造"金建始"地方特色品牌的需求而设立。与此相似的还有建始特产景阳鸡、茶叶、特色枸杞等也是结合建始当地种植、养殖特色设立的项目。

第三,实施高校有学科优势、发展前景的项目。高校定点扶贫除了回应地方的发展需求,为地方产业发展攻克技术难关,最关键的一点是,发展的产业扶贫项目必须要立足于学校自身资源条件,切合实际。华中农业大学是以农林类为特色的综合性高校,虽然学校专业门类齐全,但不同学科之间发展水平也有不同。华中农业大学目前实施的产业扶贫项目大部分是自然科学类的涉农项目,由植物科学技术学院、园艺林学学院、食品科学学院、动物科学技术学院、生命科学技术学院等优势学科的专家负责,还有部分新加入的人文社科类的项目都使产业链不断完善。例如猕猴桃产业链,目前包含种植技术、病害防治、田间套种、施肥技术、果品深加工、包装设计和品牌升级等来自不同学院专家教授负责的多个项目,真正意义上实现了猕猴桃产业化发展。

第四,支持当地有龙头企业、合作社对接的产业项目。华中农业大学所开展的产业扶贫项目所帮扶的对象是当地具有发展基础的涉农企业或专业合作社。由于参与定点扶贫的身份特别,同时受人力、财力的限制,华中农业大学的产业扶贫项目无法直接帮扶贫困人口,而是通过与建始县的需求对接,选择一部分适合发展的农业项目,由华中农业大学设立产业扶贫项目,通过学校专家教授带着项目为对应的地方龙头企业或专业合作社提供科技支持。也就是说,华中农业大学定点扶贫建始县的产业扶贫项目是帮扶具有扶贫能力的企业、合作社或个人,为他们提供更科学、更专业的发展平台,助力产业发展,从而实现带动贫困户脱贫的目标,这是一种间接扶贫的方式。其中最重要的是,校地双方拟发展的产业扶贫项目在当地要有龙头企业、专业合作社或有创业能力的个人做支撑。否则,仅靠华中农业大学专家的个人能力和以学校自主科技创新基金设立的产业扶贫项目,无法做到动员每一位农户参与产业发展,由专家到农户的科技传递更难以实现。比如华中农业大学在2013年实施的玉米新品种推广项目,虽然校地双方的需求对接很成功,但在项目的实地开展环节却遭遇了挫折——没有对接的龙头企业或专业合作社。最终,这个玉米新品种的推广项目也没达到预期目标,在第一轮实施后被淘汰。

一些亲历早期产业选择的专家回忆了当时的情况,在访谈中也谈到了学校选择产业的基本原则:

"在我们学校2013年最早开始去扶贫的时候,学校领导当时就提出了一个原则，就是说产业扶贫，我们要有所为有所不为。我也很赞同这个基本原则。具体来说，选择哪些产业来做，主要考虑两个方面：一方面要求这个本地产业有发展的基础，至少通过调查了解，我们初步判断这个产业应该是未来能够发展起来的；另一方面，我们学校要有能力帮助他们发展，有些产业有可能我们学校不一定有能力。当时合作刚开始，建始方面提出了很多想法，后来我们学校依据这个原则在其中选择了一些至少当时我们觉得有可能的，就启动了第一批项目。第一批项目实施过程中，又补充了一个原则（试验淘汰原则），就是我们可以进行试验。这主要是因为双方沟通时，对于有些产业，我们不确定是否能做，但是当地对发展这些产业有着较为强烈的需求，虽然我们不确定我们是否能做，至少当时不确定是不是可行，就经商量确定可以试验一下，试一试看究竟能否做，因此就采用了试验-滚动支持的原则，先支持三年，三年以后发现还可以，就继续支持。如果做三年以后感觉不行，那就淘汰掉。选择产业主要就是依据这几个原则。我觉得这些原则挺好，充分照顾了学校和建始两边的情况。如果学校这边认为不能做的，要是不加考虑全部答应了，到时候无法落实那就没有意义；如果建始那边有需求，觉得很重要，即使我们觉得有难度，可能不好做，也可以先列入试验，这样可以创造一些新的机会，也可以充分挖掘学校的潜力。"（HN20170314G）

　　由此可见，在如何确定扶贫产业上，华中农业大学并非仅依据自身的想法来做，也并非仅考虑建始县的产业发展需求，而是通过与建始县协商，共同确定扶贫产业。首先，所选择的产业必须是建始县产业发展所需求的。这是第一原则，即需求优先原则。其次，这些产业的发展应是华中农业大学有能力、有资源来推进的。这是第二原则，即可行原则。再次，如果不确定是否有能力完成，但有着强烈需求的，那么，就先试验，不行再淘汰。这是第三原则，即试验-淘汰原则。

综合多位专家的访谈结果来看,扶贫产业的选择在定点扶贫过程中实际上经历了三个阶段。第一个阶段,以建始县发展需求为第一。这一阶段,以设立产业攻关项目方式开展产业扶贫还没有成为主要的方式,学校主要是依据建始县在农业产业发展中面临的问题,尽全力调动学校的专家资源来协助解决问题,多为临时性的。此时设置的产业攻关项目相对较少,主要是基于建始县的产业发展强烈需求而设置的。在第二个阶段,考虑建始县的发展需求,但是并不盲目回应这一需求,较多考虑学校的发展能力与发展重点。在第三个阶段,持更开放的态度,注重试验。试错机制的建立,不仅给予一些新产业以发展机会,而且也是创新支持,尝试能否在新的领域有所创新。

2. 项目立项

华中农业大学定点扶贫建始县是上级主管部门安排的任务。由于没有专门的扶贫资金来源,面对帮扶地区的发展需求,高校需要整合校内外资源,从学校自身既有资源出发来确定如何进行帮扶。华中农业大学经过探索,确定了以产业攻关项目的方式来推动定点扶贫。

从产业选择到项目立项,两者虽然同步进行,但两者既有紧密的联系又有明显的不同。前者更多是一个学校与地方政府层面的互动交流,而后者主要是学校层面的工作部署。从产业扶贫的角度来看,产业选择是前提,是一个决策和准备工作,而项目扶贫意味着科研团队的正式加入,是产业扶贫项目正式启动的标志。在项目立项中,最关键的环节无疑是项目专家的选择。

华中农业大学的产业扶贫项目负责人有着多重选择标准:首先,支持原来在建始县担任过科技特派员的老师继续开展科技服务,已有的实地工作经验和对地方产业发展情况的了解为项目顺利实施提供了良好的基础。如园艺林学学院的罗正荣教授,早在2008年就开始在建始县开展科技服务活动,他与当地老促会(老区建设促进会)对接,为当地农户开展甜柿种植技术指导和培训,在建始县甜柿种植上积累了丰富的经验。华中农业大学开始定点扶贫建始县后,学校与建始县确定将甜柿产业作为重点支持产业,以攻关项目支持建始县甜柿产业发展,罗正荣教授主持"建始县现代甜柿产业关键技术研究与试验示范"的项目,重点开展甜柿产业的科技扶贫工作。其次,鼓励即将退休或刚退休的老教师投身于社会服务工作,充分发挥余热,这一类型以负责猕猴桃病害防治项目、特色水果种植项目的蔡礼鸿教授和负责蔬菜生产模式研究项目的徐跃进教授为典型。最后,学校鼓励处于事业上升阶段的中青年教师积极参与。对于中青年教师而言,这是一个锻炼和成长的平台,科学研究只有走出象牙塔、服务于社会,才能真正发挥它的社会价值,而且中青年教师在身体素质和精神状态方面也更适合参加定点扶贫工作。在项目负责人的选择中,不仅强调专业技能,更注重是否有爱农情怀。在历次的总结会上,学校领导都强调了定点扶贫不仅要带着责任做,还要满怀感情做。如同学校领导在总结会议上所指出的:

"我们的专家们都是带着责任来开展这个定点扶贫工作,带着政治责任,带着社会责任,也带着感情在做这件事。就像签完协议之后说的我们就是一家人了,当时说了一个概念叫华农的建始人、建始的华农人,我们在座的专家们都是典型的代表,都是双重身份,既是建始的华农人也是华农的建始人。我们是一家人,是带着感情在做这个事儿。今年暑期,我们去推进工作的时候,张学振同志在讲这个冷水鱼受损的时候讲得眼泪汪汪,就是带着感情在做这件事。让他坐着讲,他要站着讲。建始受灾了,他把学校的事情丢下,买站票过去,是把农民的事当作自己的事,把建始的事当作自己的事,当作华农的事。像我们的徐跃进教授、蔡礼鸿教授、龚炎长教授,都是这样,这些专家们都是带着感情在做这件事,同时在克服困难做这件事。"(HN20170104)

　　一般来说,在项目制中,委托方是主动的一方,可以制定规则。据此,华中农业大学是主管各扶贫项目的上级部门,可以通过专门化资金来选择和激励专家们参与扶贫工作。但是,因为政府非专职的扶贫机构是临时机构,缺乏明确预期的组织环境,所以扶贫参与者难以形成有主动意识的"我要扶贫"的理念;同时,扶贫作为临时性的工作,有较强的时限性,参与者在观念上可能需要实现"要我扶贫"到"我要扶贫"的转变[①]。华中农业大学定点扶贫类似于政府非专职扶贫机构的角色,所成立的华中农业大学定点扶贫建始领导小组则是政府非专职的扶贫机构。当扶贫参与者难以形成"我要扶贫"的理念时,就必须要有相关部门动员高校老师参加扶贫工作。

　　正因为如此,与一般的科研项目不同,产业扶贫项目的设置与项目专家负责人的选择不可避免地会存在着一些长官意志。[②] 对此,负责扶贫项目管理的工作人员提出了自己的看法:

　　"在学校项目的立项实施中,确实存在着长官意志的影响。就是在立项的时候,有两种情况,一种是有的项目是学校领导觉得有的专家做这件事能够做得很好,比较适合来做这件事,就主动联系这个专家来做。作为一个学校领导,他对于学校里的专家本来就很熟悉,本来就是管科技这一块的,他很清楚学校各个产业有哪些专家,比如他知道对于猕猴桃产业,我们学校的蔡老师非常有经验,现在也能够做这件事。当建始那边提出了需求,问我们学校有没有这方面的专家团队时,我们学校这边就会主动地询问这方面的专家是否愿意参加;当然,也会有一些专家主动联系我们,说'我在建始那边也一直有项

---

　　① 李周. 社会扶贫中的政府行为比较研究[M]. 北京:中国经济出版社,2001.

　　② "长官意志"是列宁在回答俄国"人民之友"尼·米海洛夫斯基对《资本论》的责难时提出的。列宁指出,社会经济形态绝不是按长官的意志(或者说按社会意志和政府意志)随便改变的。它的发展是"自然历史过程",它的发展规律"不仅不以人们的意志、意识和愿望为转移,反而决定人们的意志、意识和愿望"。参见《列宁全集》第一卷第112页。

目'，或者'我的项目也可以推到建始那边去，能不能把我的项目纳入到学校在建始的产业扶贫项目里面去'。在学校确定的产业扶贫项目中，这两种情况都有。本着一个出发点，把事情做好。把事情做好起码要有几个认识。第一个认识，扶贫是要有责任心与公益心的，这不是一件赚钱的事情。第二个认识，这对于老师来说，需要额外的付出。扶贫项目主要的目标是扶贫，是解决产业发展中的问题。这个项目可能可以和学生培养结合起来，但它本质上关注的是扶贫。扶贫项目也不太注重科研产出，是一个跟科研工作关系也不是特别大、特别相关联的事情。我个人认为，由于学校对这一类项目的定位和要求，无论是从培养学生还是从搞科研来说，老师能够从扶贫项目里面获取的都很少。因为它要求的是你要开展社会服务。如果把人比作一桶水，你是在供水，你在把你的知识往外洒，而且是有选择性地洒，要为建始专门开发一些适用的技术，比如猕猴桃里面套种问题，300米种什么、500米种什么、600米种什么、800米种什么、1200米种什么、1500米种什么，应该怎么设计、怎么实施。基于这两个认识，因此项目立项即便是有长官意志，也是没有关系的。因为长官意志恰恰就是说明了大家都是带着感情在做事，因为我没有获利呀。我真不知道会不会有不情愿的，起码我们联系的都是选准了的。这个选准是对这个老师本人，因为学校也就那么几千人，哪些老师在哪些领域做事情做得比较好，跟实践结合得比较紧密的，翻过来翻过去一看，就那么几号人。我们学校老师说句实在话都很好，一般只要领导说这个事情很重要，需要你来参加，大家就都一起来做了。所以说，这种长官意志其实体现的是一种反向的长官意志，可能长官要沟通，要用情感动员别人去参加，以免发了通知没有人报名响应。"（HN20170228）

由此可见，在这里，长官意志是一种对于政治任务的重视和支持，也充分体现了扶贫任务所具有的政治性特征。可以说,长官意志为产业扶贫项目负责人选的确定降低了难度,也为扶贫工作的完成增加了可能性。对于参与产业扶贫项目的教师来说,即使他没有"我要扶贫"的主动意识,甚至在此之前可能对产业扶贫的相关工作不太了解或者说并不是太感兴趣,但面对长官意志的扶贫任务安排,大多会从大局出发,接受扶贫任务。因为从某种意义上,"要我扶贫"尽管是一个任务,但它既体现了上级对自己工作能力的一种承认,也体现了上级对自己的一种信任。

　　而随着扶贫项目的推进,专家们在扶贫过程中对扶贫任务的认同不断加深,尤其是滚动支持的项目,经过多年积累,他们对自己一手扶持发展起来的产业就如对自己的孩子一般,不自觉地倾注了感情,"要我扶贫"也在不知不觉间转化为"我要扶贫"。水产专家张学振教授的扶贫经历就比较典型。张学振自 2013 年 5 月开始帮扶富硒冷水鱼养殖的野三河水产养殖专业合作社。他坦言,刚开始也很迷茫,不知道自己可以做些什么。在扶贫过程中,他与帮扶对象——63 岁的"鱼老板"田大才之间逐渐建立了深厚情谊,成了"忘年交",这使他在扶贫中不仅投入了科学技术,更投入了真心实意。2016 年 7 月 19 日,建始县遭遇特大强降雨,洪水淹没了田大才的鱼池,大大小小的鲟鱼、三文鱼、虹鳟、金鳟等养殖鱼类随着洪水游失,损失高达 1300 余万元。受此打击,田大才心灰意冷,打算放弃渔场、卖房还债。张学振在洪水发生后第一时间赶到建始县,与田大才一起开展灾后自救。他设身处地思考田大才面临的困境,分析指出:"我们的市场还在,场子还在,人还在,就是鱼跑了。只要人的精神还在,就没有过不去的坎!""现在撤退,你亏了就永远是亏了。我们一起想办法恢复生产,两年左右企业就能恢复盈利状态。"经过共同分析讨论,田大才终于下决心重振旗鼓、再创辉煌。2017 年代表湖北省第五批博士服务团百名成员汇报工作时,张学振明确提出申请,要继续在建始延期服务。他在汇报中指出,2017 年还有两件事没有做好,希望自己可以做一个"留级生",并明确表示"我希望能继续与农民们并肩作战,重拾梦想,开创辉煌,为打好扶贫攻坚战贡献我的绵薄之力"。2018 年,张学振主动申请到建始县挂职,希望将自己的专业优势与建始扶贫发展的需要紧密结合起来,为打好扶贫攻坚战贡献自己的力量。张学振只是华中农业大学扶贫专家中的一员,但他在扶贫实践中的成长,充分体现了从"要我扶贫"到"我要扶贫"的转变过程。

3. 考核与评估

第一,项目的中期考核。每年年中与年末,学校会分别对所有项目开展年中考核与年度考核。年中考核多以提交工作总结和工作进展情况的方式进行,年度考核则采用与建始县一起召开项目汇报会的形式来开展。通常学校领导和建始县的领导都会参加,所有项目会一起进行汇报交流。汇报通常要求围绕着四个方面来进行:一是项目主要开展了哪些工作;二是项目取得了哪些进展/成绩;三是项目的下一步计划;四是项目需要学校与建始方面提供哪些支持与帮助。此外,还要求汇报经费的使用情况等。

中期考核一方面可以促使各个项目的负责人定期回顾和总结项目的进展情况,找出存在的问题,分析主要原因,理清思路,明确下一步如何开展工作;另一方面,各个项目负责人集聚一堂,可以相互交流与学习,由此搭建一个平台,以相互了解,互相促进。进行年度考核有助于学校领导与建始县领导了解项目的进展情况及存在的问题,以获得领导的支持与指导。

中期考核对于学校进行项目管理来说,一方面可以系统收集项目进展与实施成效等信息,全面了解各个项目的实施情况;另一方面,这也是一种督促,有利于推动项目团队围绕项目目标开展行动。此外,中期考核也是一种有效的制度规范,可以帮助项目的有效实施。

中期考核对于建始的扶贫工作推进来说,一方面可以系统了解学校所做的帮扶工作;另一方面也了解了学校方面在开展工作中存在的困难。此外,这也是一个很好的双向沟通机会,能够总结一年的工作情况,同时对下一年的工作提出要求。

第二,项目结项评估。项目执行完成后,学校会对项目进行总体评估。是否继续支持项目,通常会考虑三方面的情况:一是建始方对项目的继续开展有无需求。不管对项目的实施是否满意,是认可团队的工作并期望提供服务,或是即使不认可之前的工作但认为此领域非常重要并要求改进服务,只要有着强烈的需求,就需要考虑如何更好地回应需求。二是项目团队对项目开展的评价与进一步工作的意愿。团队对项目进一步实施思路是否清晰,是否符合建始的需要,是否有继续开展的意愿。三是学校方对项目工作成效的考核,无论是因为客观原因还是主观原因,如果项目团队工作成效不好,学校管理部门都会从学校的层面反思原因,思考是由于发展条件不成熟,还是团队选择配置不适合,确定是否需要进一步支持。

第三,项目的滚动支持。对项目进行综合考评后,学校会明确哪些项目需要滚动支持,哪些项目要淘汰。与科研项目不同,扶贫项目被淘汰并不意味着项目负责人能力不够或者时间精力投入不够,而常常是因为项目选择不当、项目发展条件不成熟等。其中一个典型的例子是玉米产业项目。玉米是建始县的主要粮食作物,有着悠久的种植历史,建始县"金建始"美誉的一种说法就是盛产玉米。在华中农业大学定点扶贫的第一年,校地双方对接工作时,建始就明确提出想要发展玉米产业,通过协商最终敲定了将玉米作为首批实施的科技扶贫项目之一。然而,玉米项目最终没有取得令人满意的成绩,做了三年以后做不下去了,在第一轮立项支持结束后没有被安排滚动支持,并且在之后扶贫项

目选择讨论时常常被作为反面案例提出。在调研中,这个案例也被不同的专家反复提及:

"我为什么最感兴趣的是这个龙头企业的整体水平?我 2012 年第一次到建始去,当时的领导就说我们建始因为盛产玉米才叫'金建始',因此一定要把玉米这个产业放到产业扶贫项目中来。我们学校首批启动的三个产业里面就有玉米产业,这个产业做了三年就做不下去了。虽然项目推广的玉米品种在我们的西南山区抗病性非常好,品质、产量和经济效益也非常好,他们在那边却做得很辛苦。做不下去主要是因为当地没有一个玉米的龙头企业。靠我们的专家团队去面向千家万户那不可能,我们专家没有时间、没有精力去做这个事。在一定时期、在一定范围内可以,深入持久地开展是不行的。这个也不能依靠领导来持续推进,只有和龙头企业结合起来,那是企业的核心利益所在,它就会去持之以恒地做这个事情。"(HN20170104)

"没有龙头企业,我们老师不可能整天对着那个玉米的经销商,一个人对着一千个经销商去推广啊,老师也不是卖种子的呀,这样他(指项目负责人)就干不下去。"(HN20170228)

这个失败的项目也为后期项目的选择敲响了警钟,指出了在产业发展中龙头企业的重要性。事实上,在"六个一"中,学校的作用主要体现在一个产业攻关项目与一个专家团队,但是,如果少了龙头企业这个带着合作社和农户一起闯市场的主体,是难以真正发展一个特色产业,从而致富一方百姓的。

华中农业大学建始扶贫项目统计表见表 2-1。

表 2-1　华中农业大学建始扶贫项目统计表

序号	项目名称	立项时间
1	景阳鸡种群的建立、遗传多样性评估及其特色基因挖掘	2013
2	魔芋高吸水性纤维及应用	2013
3	湖北省猕猴桃溃疡病发生调查及防治技术研究与示范推广	2013
4	建始县茶叶(乌龙茶)技术体系的构建与示范	2013
5	强优势玉米新品种"华玉 11 号"选育与推广	2013
6	建始县蔬菜高产高效生产模式的构建与示范	2014
7	建始县猕猴桃果酒酿造关键技术研究与示范	2014
8	建始县现代甜柿产业关键技术研究与试验示范	2015
9	建始县特色枸杞资源挖掘、规范化种植及精深加工产品开发	2015
10	建始县富硒冷水鱼生态养殖研究	2015
11 *	建始特色水果栽培技术研究与示范	2016
12	建始县特色作物减肥增效施肥技术研究与示范	2016
13 *	猕猴桃酒类深加工技术研究与示范	2016
14 *	建始景阳鸡生态养殖模式构建及其产业开发方向研究与示范	2016
15 *	建始县茶叶(乌龙茶)技术体系的构建与示范	2016
16	建始饲料油菜品种开发与种植技术示范	2016
17	华中农业大学建始扶贫实践研究	2016
18	易地搬迁工程的精准扶贫机制、农户决策及政府职能 ——基于湖北省建始县调查	2016
19	建始马铃薯品种改良与栽培示范推广	2017
20	以产品包装设计促进贫困地区农产品品牌升级应用研究 ——以建始精准扶贫产业为例	2017
21	提高研究生在科技创新和社会服务中的贡献率的途径和机制研究	2017
22	高校精准扶贫模式及其影响力提升研究	2017
23 *	蔬菜新品种、新模式推广应用	2017
24	武陵山特色园艺作物良种繁育中心建设	2018

注：* 表示滚动支持项目。

　　综上,从静态的结构视角来看,华中农业大学产业精准扶贫模式涵盖了作为特色产业发展的多元主体,即作为市场主体的龙头企业,作为生产主体的农户,兼具市场与生产主体的合作社,作为科技支撑的专家团队,模式运用项目作为一个链接,将来自高校的这一外在力量,嵌入建始县整个扶贫体系中,也由此增加了科技在扶贫中的力量,加速了建始县脱贫致富的整体进程。

第三章　嵌入要素

从静态的结构来看,作为一个整体的"六个一"产业精准扶贫模式在扶贫实践过程中,究竟嵌入了什么? 调查发现,华中农业大学通过"六个一"产业精准扶贫模式的实践在建始县的产业扶贫中嵌入的要素是多元的,除了有形的人员与物资,还有无形的方法、技术与理念等。通过分析这些嵌入建始县扶贫系统中的各要素,也可一窥华中农业大学产业精准扶贫模式的基本特征。

第一节　人员嵌入

从定点扶贫建始县开始,华中农业大学就非常重视扶贫团队的组建,不仅成立了由校党委书记任组长、分管科技和社会服务工作副校长为副组长、多个部门主要负责人为成员的扶贫工作领导小组,以确保对定点扶贫工作的有力组织和坚强领导,而且通过选派博士服务团、挂职干部、科技特派员、"三区"科技人才、志愿者等各种方式,打造了一支强有力的扶贫团队。这些人员以各种方式嵌入建始扶贫的一线,在产业扶贫项目的实施中扮演着不同角色。从产业扶贫来看,可以将这些人员分为科研人员、管理人员和其他人员三种类型。

一、科研人员

据不完全统计,自 2012 年以来,学校先后组建了 39 支教授团队奔赴建始县开展扶贫工作。以这些教授专家为核心的科研人员是华中农业大学定点扶贫建始的主体力量。

科研人员的投入形式除了教授团队，还包括博士服务团、科技特派员、"三区"科技人才等。据不完全统计，定点扶贫以来，华中农业大学先后向建始县选派了博士服务团 7 批、科技特派员 31 人次、"三区"科技人才 50 人次，开展科技服务 4900 余人次。

对于专家团队在扶贫中的作用，一位项目负责人是这样认识的：

"专家在扶贫中主要是两个方面的作用，一个是提供技术支撑。因为产业是需要技术支撑的，大部分产业在发展起来以后都会有自己的技术支撑。但在起步阶段，需要外部提供一些技术支撑。一个产业没有技术支撑的话以后是不可持续的，这是（我们专家的）一个作用。当然，慢慢地我们也在考虑一个问题，为什么专业合作社要培养技术骨干啊，因为我们走了以后，他们也要有技术支撑体系。还有另外一个作用就是利用了我们以往的一些经验，可以起到一个参考作用。因为相对来说我们对这个行业比较了解，知道可能会遇到什么问题，有一些解决问题的经验可以讲给他们听，包括产业未来发展的预测，问题解决的思路。有些东西不一定适用，但基本原则是适用的，有些方法是可以借鉴的，这样就类似于起到参考的作用。当然，我们提出的东西是基于以往的经验，在别的地方看到了比较成功的，我们可以介绍一部分，当然会淘汰一些和当地的情况不太相同不一定能用的东西，但原则大多是适用的，在原则的基础上可以找新的办法。这是两个最主要的作用。其他的，可能还有一些但没那么重要，比如利用自己的社会资源，我们可以利用自己的社会资源解决一些问题，有可能成功有可能不成功，这个我觉得不是主要的。主要的还是前面两个，一个是技术支撑，再有一个就是利用经验起到咨询的作用。"（HN20170314G）

由此可见,在扶贫中,专家们扮演着直接服务提供者、决策咨询者和资源链接者等多重角色。

1. 直接服务提供者

产业扶贫的核心专家们,如蔡礼鸿教授、徐跃进教授、龚炎长教授、张学振教授、刘睿教授等,都在产业扶贫过程中扮演着直接服务提供者的角色。这一角色所包含的主要有技术培训者、技术服务者、技术咨询者等。仅从产业培训来看,据统计,专家团队先后举办专题培训班 4 期,不仅以特色产业人才、农业局和乡镇服务中心技术人员、专业合作社带头人、种植大户为主体培养了一批带领发展的领头雁,而且通过研发推广农业实用技术,组织专家编写农户看得懂、用得上的实用技术手册,并印制 2 万余份发放至农户手中,组织专家深入田间地头开展实际操作培训和技术讲解 117 场次,培训人员 8340 人次,其中建档立卡贫困户 798 户,2793 人次。

从调查来看,专家们提供的直接服务也是最容易被贫困户所感知并且是最容易获得认同的。如同一个贫困村的村干部在访谈中所说的:

"每次华农的教授来培训,都有一些农民从很远的村过来参加。他们有的参加了多次的培训,跟专家都比较熟悉了,有什么问题,还给专家打电话、发微信。上次一个专家过来,很远就有农民打招呼,说老师我认得你,我听过你讲课,你讲得很好。"(JS20160828A)

2. 决策咨询者

一些专家是所在产业的技术权威,对于产业的发展发挥着重要的决策咨询作用。从调查来看,大多数扶贫专家都很重视决策咨询作用,也在扶贫过程中较好地发挥了决策咨询作用。在访谈中,一位专家如此说:

"实际上通过我们的努力,把这个产业整个发展战略都改变了。因为它当时定位就有问题,必须要改变建始整个××生产的生态,与整个区域的××产业进行对接才行。其实这是我早就想做的事,而且这些年一直在做。不改肯定是没有出路的。我一去,我就把产业发展规划都调整了。你想想,如果一个产业,你一个县三万亩,人家一个县二三十万亩,你怎么跟别人比啊。在这种情况下,必须要给它找到一条出路,所以我们就要培养它的小品牌。小产区品牌是很管用的。"(HN20170314Z)

"我们扶贫中遇到过这样的问题(贫困户因补贴高将鸡苗直接卖掉套现)。当初我就质疑这个扶贫标准,补助太高了,一个鸡苗给10块,这样扶贫的覆盖面就窄了,建议他们把扶贫标准由10块变为5块。这个事情,我给他们建议过,出现这种情况,第一要有黑名单,以后这种人没机会了,再不会给机会了。第二,这也说明你给每一户的补贴太多了,扶持力度他们当时定的是10块,后来他们第二次实施过5块。10块一只的补贴变成5块一只的补贴,你的覆盖面积会扩大一倍。他们现在扶贫资金投入很多,但怎么用要好好考虑,我们也经常在这方面帮忙提一些建议。2015年底,我们天天都在做方案。"(HN20170314G)

3. 资源链接者

由于社会地位、知识能力以及在各种社会关系中所处的位置,不同类型人员获得的信息和资源有差异,因此,专家团队在扶贫中常常还扮演着资源链接者的角色。只是,直接服务者的角色更被强调,资源链接者的角色未受到足够重视。

二、管理人员

产业扶贫并非华中农业大学定点扶贫的全部,只是其中一个重要组成部分。在实际的扶贫过程中,科研人员并非是单打独斗地在开展工作,而是与其他扶贫人员一起共同工作。管理人员在产业扶贫中也扮演着重要的角色。

　　管理人员主要包括学校相关管理部门的领导和工作人员,还包括学校外派到建始县各相关管理部门的干部。对于学校内相关管理部门的管理人员,尽管他们对于整个产业扶贫来说非常重要,但扶贫不是他们的主要工作,因此在此不进行重点分析,而外派到建始县的管理人员,对于产业扶贫具有重要的意义,在此进行重点介绍。

　　根据"华中农业大学定点扶贫建始2015年工作总结",2015年华中农业大学选派到建始的挂职干部有5人,分别为科技副县长1人、团县委副书记1人、农业局副局长1人、畜牧局副局长1人,并向业州镇代陈沟村派驻了第一书记。由此可见,外派到建始县的管理人员分布在各个不同的岗位。整体来说,选派到建始县挂职的干部担任的与产业扶贫相关的岗位主要有三类。

1. 科技副县长

　　定点扶贫伊始,学校就选派了强有力的挂职副县长。挂职副县长是学校在建始定点扶贫的整体统筹协调者。先后担任这一职务的有周继荣、孙站成、许刚等。周继荣是学校定点扶贫建始后的第一任挂职副县长。在此之前,周继荣先后任宣恩县农业局副局长、建始县农业局副局长,已经积累了丰富的科技扶贫经验。作为茶学博士,他不仅以茶叶产业为依托,先后扶持建始县马坡玉峰茶业有限公司、建始县新农茶叶专业合作社、建始县马坡玉毫茶叶有限公司等企业,开发出高山子母茶、老鹰茶和马坡茶,带动区域茶农增收效果明显,优化了县域茶产业生态,形成了大小企业和谐共进、大小品牌相映生辉的格局,通过做大做强茶叶产业,直接推动产业扶贫;而且致力于金色建始吹起科技之风,链接学校资源,以科技助力高山蔬菜、猕猴桃、甜柿、枸杞、硒姑娘酒等产业的发展,从而推动了产业扶贫的发展。

2. 涉农部门副局长

　　因为华中农业大学的产业扶贫是以农业产业为主攻点,因此,不可避免要与各涉农部门打交道。在管理人员的嵌入上,也主要以这些部门为主体。挂职的部门以农业局、畜牧局、水产局等为主。这些挂职干部也被建始县的领导干部亲切地称作"华农的建始人",他们在华中农业大学各个产业攻关项目的实施中发挥着重要的链接作用。

3. 第一书记

第一书记在技术扶贫中是一个特殊的角色。第一书记是常驻贫困村开展扶贫工作,战斗在扶贫一线的干部。第一书记的工作,对于科技扶贫的落实来说至关重要。湖北恩施土家族苗族自治州三里乡的扎鱼口村,是建始县 92 个重点贫困村之一。华中农业大学先后向扎鱼口村选派了 4 任第一书记。刘文奎是扎鱼口村的第一任"驻村第一书记"。驻村伊始,刘文奎就开始了村情调研。他上山下田,入户访谈,全面了解村情村貌,在笔记本里记下了扎鱼口村的基本情况:自然基础条件极差,村民比较贫困,还有部分农户住在"石头屋"里;全村没有主导产业,农作物以玉米、土豆为主,除人吃外,大都做了猪粮,猪养肥了再杀年猪,一年忙到头几乎没有什么收入;村里曾经种过"布朗李",但因没有技术和销售渠道,最终以失败告终,导致村民对发展产业极不热心;村里的地貌以高山为主,道路崎岖不平,10 公里的道路仅硬化了不到 5公里,全村甚至一度找不到一块平地建村委会;留守人员大多是老人、小孩和妇女,严重缺乏劳动力。在刘文奎看来,越是贫困越是困难,越是有超越和追赶的空间。通过大量走访,刘文奎认为要实现精准脱贫,就要充分发掘扎鱼口村的内生动力,通过发展产业来推动脱贫致富。于是,结合实际,刘文奎开始做起整个村子的产业发展规划。借助华中农业大学园艺林学学院"111"计划在该村驻点,刘文奎首先带领村"两委"班子实地查看甜柿在当地的种植和收益情况,然后邀请甜柿专家罗正荣老师到村实地考察,并通过徐跃进老师介绍引进公司保护价回收。根据规划,决定以"农户＋合作社＋公司"的模式将产业做大做强。一任接着一任干。至今,经过刘文奎、熊锦、张建华、杨胜勇等多任第一书记的共同努力,扎鱼口村的产业发展已经初具规模。第一书记致力于基层的扶贫工作,他连接着专家团队与村庄的各项扶贫工作。

值得注意的是,科研人员与管理人员之间存在一定的交叉性,一些挂职的管理干部本身也是技术专家,如挂职副县长的周继荣博士。

三、其他人员

华中农业大学的定点扶贫工作其实是一个全员共同参与的大事。众多的师生员工,以各种不同方式加入到了定点扶贫建始县的行动中。因此,其他人员不仅包含的数量多,类型也比较复杂。

首先为推动建始脱贫攻坚进程,华中农业大学创造性地开展了"1＋1"党建扶贫。2019年以来,学校先后组织5个学院党委31个党支部与建始县31个贫困村党支部(全覆盖25个未脱贫村)结对共建,多形式、多渠道开展共建援建活动,进村入户推动党建,引领乡风文明、促进乡村治理、巩固脱贫成效,有效形成了结对共建工作体系。学校在建始县开展党建"1＋1"共建行动,与全县未出列贫困村党支部开展"一对一"结对共建,做到贫困村、贫困人口、贫困户、贫困学生和伤残人员党员结对帮扶"五个全覆盖"。由于"1＋1"党建扶贫的开展,大量的管理干部和其他工作人员如后勤管理干部等都被纳入到了扶贫的行列。

其次,消费扶贫工作的启动也使大量的师生员工有意无意地加入到扶贫的队伍。从2016年开始,学校与建始县委、县政府合作,利用年底"打年货"的档口,组织开展特色农产品暨"六个一"品牌展销会,动员学校教职员工、周边社区居民帮助销售贫困地区特色农产品。与此同时,还开展了贫困地区特色农产品进教育超市、进食堂、进福利、进后勤、进专设门店的"五进促销"工作。2016年来,学校累计购销建始县等贫困地区特色农产品近2000万元。其中,第四届农展会设有建始专区,就有超过 20 家建始企业参展。由表 3-1 可见,参加农展会的建始企业以学校定点帮扶的产业为主,不仅包含重点帮扶的龙头企业,也包括了建始县的其他农业特色产品。

表 3-1 参加第四届农展会的建始企业

序号	参展企业名称	主要产业
1	恩施硒姑娘酒业有限公司	白酒、果酒
2	湖北枸杞珍酒业有限公司	果酒
3	湖北恩施稀宝酒业有限公司	白酒
4	恩施州牧童蓝莓科技有限公司	果蔬
5	建始县马营山果蔬专业合作社	果蔬
6	建始食达好工贸有限公司	特色农产品加工
7	建始县马坡玉峰茶业有限公司	茶叶
8	恩施市朱砂溪茶叶专业合作社	茶叶
9	恩施神硒花茶有限公司	茶叶
10	建始县马坡玉毫茶业有限公司	茶叶
11	建始县林苑果业专业合作社	葡萄
12	建始县立丰生态农业发展有限公司	生猪、蜂蜜
13	湖北建始天龙实业有限公司	食用醋
14	恩施硒益多农产品有限公司	农副产品加工
15	建始县云心食品有限责任公司	糕点
16	恩施州十姊妹生态农业发展有限公司	蔬菜、水果
17	恩施州国硒冷水渔业开发有限公司	水产
18	湖北康林农牧实业有限公司	畜禽养殖等
19	恩施晓姚农夫食品开发有限公司	农副产品加工
20	建始县容华食品有限公司	豆制品等
21	湖北恩施黎伯农业有限公司	家禽等

　　再次,通过暑期社会实践项目与各级科技创新项目形成的调研团队与志愿服务团队也是其他人员中的一个重要组成部分。每年暑期,华中农业大学都会组织开展各种大学生实践活动,这些活动吸引了大量的学生参与到建始的调研与科研服务中。这些大学生志愿者组成社会实践团队,在专业教师带领下,深入建始开展政策宣讲、科技服务、法律宣传、爱心支教等志愿服务活动,全方位服务建始产业发展。

　　此外,学校还致力于搭建校友企业家联谊会帮扶平台,先后邀请20余名企业家和地方校友会负责人赴建始,帮助引进蓝莓种植、乌龙茶加工等10余个项目。经过学校的组织动员,大量的校友也参与到建始扶贫行列中,成为一支独特的力量。

　　综上,人员的嵌入是扶贫模式中的重要因素。从三类人员的分类分析可见,三类人员参与产业扶贫的主要方式也是不同的。其中,科研人员主要是通过自己申请的方式参与,而管理干部主要是以组织选派的方式加入,其他人员则多是自由参与的。从产业扶贫的角度来看,不同类型的成员在整个产业扶贫中的地位和作用是不同的。如图 3-1 所示,其中,科研人员是核心,管理人员是关键,其他人员则是补充。不同类型的人员在扶贫中的嵌入方式是不同的,他们的嵌入程度也是不同的。

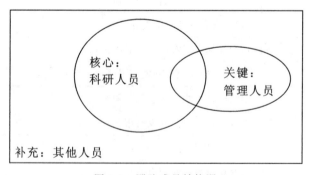

图 3-1　团队成员结构图

第二节　物资嵌入

贫困地区产业发展薄弱,要实现产业扶贫,必要的物资投入也是非常重要的。但高校并非扶贫部门,缺乏专项的扶贫经费,因此,产业扶贫中物资的投入相对有限。如何将好钢用在刀刃上,充分发挥物资的作用,学校在其中进行了精细的谋划。

一、资金

定点扶贫是一个以党建扶贫为统领、以教育扶贫为基础、以产业扶贫为主导、以文化扶贫为纽带、以社会扶贫为支撑、以消费扶贫为动力构成的"六位一体"扶贫工作体系。在投入的物资要素中,直接的资金投入数量非常有限。这与学校这一特定的扶贫主体特点及其扶贫理念与方式是密切相关的。

当然,这并不意味着学校在定点扶贫上没有进行或者不重视资金的投入。从党建扶贫来看,几乎每个"1+1党建"在开展活动时都或多或少地投入了资金。这些资金,或者是以慰问金的形式直接给贫困户,或者是以捐赠形式帮扶所联系的贫困村开展建设。如华中农业大学资产经营与后勤保障部与建始县景阳镇社堂村结对共建,自筹经费5万元支持该村路灯安装工程建设,这一项目是社堂村委会为发力整村脱贫,改善村人居环境,在村人口集中区域进行路灯安装的一项民生工程。华中农业大学动科动医学院与建始县长梁乡榨茨河村结对共建,不仅与村"两委"及驻村工作队一起为村筹款28460元建设路灯,实现了村民门口亮化,而且开展春节送温暖活动,向30个困难户发放慰问款15000元,让贫困户过上暖心的春节。只是就产业扶贫来看,学校除了以产业攻关项目方式进行支持外,并无其他的专项资金投入。

二、生产资料

与资金投入相比,生产物资的投入要多得多。一方面,产业扶贫的推动本身就需要投入大量的生产物资;另一方面,产业攻关项目研发推广的新技术,常常也体现为生产物资,如新型肥料、畜牧新品种、种植类新品种等。

在调查中,多位专家都表示在产业扶贫项目中,以低价售卖或者免费赠送的方式投入了较多的生产资料。

三、其他物资

图书资料是投入物资中较多的一类。既有依托产业攻关项目投入的技术性资料,也有普惠性的图书资料与学习用具。如为了让老百姓看得懂、学得会,专家团队精心编印《建始猕猴桃实用栽培技术》《山区规模化生态土鸡养殖手册》《景阳鸡饲养管理技术手册》《有机水溶肥料施用方法手册》《枸杞病虫图说》《枸杞整枝图说》等一批实用技术手册,指导企业、农户提升科技务农水平。华中农业大学动科动医学院在党建扶贫中重视扶贫扶智,为了促进建始县长梁乡榨茨河村图书室的建设,该院组织学院师生为村民捐赠图书200余册;同时,出资为全村63名贫困中小学生购置价值5000元的文具。

办公设施也是投入物资中较为重要的一类,主要是用于改善村庄的办公条件。如华中农业大学动科动医学院与武汉润泛生物科技有限公司联合为长梁乡榨茨河村捐建党员活动室,为村里的会议室配备了价值2万元的桌椅、电子屏、电脑等。

此外,结合贫困村和贫困户的需求,投入物资还包括药品、衣物、食品等。如华中农业大学园艺园林学院与扎鱼口村结对共建,邀请州县医院专家到村开展义诊,免费发放近万元药品;开展"暖冬行动",免费为全村的留守老人发放 100 件保暖内衣。

总体来说,物资的投入主要基于救助贫困户和促进村庄发展,一般以赠送入户、捐赠入村和项目配比的方式进行。尽管这一类型的要素并非都与产业扶贫有关,也并非华中农业大学产业精准扶贫模式投入的主要要素,但这一要素不仅发挥了扶危济困的作用,而且拉近了与贫困村、贫困户的心理距离,促进了与帮扶对象的关系,在客观上也促进了他们对于华中农业大学的认同和参与产业扶贫的积极性。其中,生产物资的投入与产业扶贫的关联最为紧密,为产业扶贫其他要素的嵌入奠定了基础。

第三节 方法、技术嵌入

在模式中,方法、技术是整个嵌入要素中最重要的一个。从实践来看,嵌入的方法、技术不仅仅包括生产技术,还包括组织方法等。

一、生产技术

技术是反贫困的核心要素之一。华中农业大学作为农业高校,其最大的优势在于农业科技,其在产业扶贫中最重要的职能是技术的攻关、技术的改进、技术的推广与技术的培训等。虽然各个项目具体扶贫的做法可能不同,但是所有的产业扶贫项目都内含科技扶贫的特质。

一般来说,企业在政府的鼓励下涉足农村进行农业产业开发,周期长,风险大。有了农业高校的加入,涉农企业在投资农业产业发展中的技术得到了有力保障,也在较大程度上降低了企业投资农业产业失败的风险,可以获得长期的、稳定的、能够预见的收益。特别是在农业高校这种技术主体的支撑下,通过生产基地的规范化建设和种植,不仅可以获得较高的产业效益,还可以在周边农户中产生良好的示范作用。涉农企业通过与农业高校的合作,可以增加农产品的附加值,增大企业的利润空间,促进农业产业的可持续发展。

"我们产业不同,所以开展工作的方式也是不同的。他(指另一个项目负责人)经常住在农民家里,我跟他不相同。我和他的做事方式不同,我是从上往下做,他是从下往上的。他跟我是相反的,所以他经常跑到田里,培训的时候多一些。从一开始我就是有规划的,有些技术壁垒必须要解决,第一年、第二年我到农户家去得就少一些。"(HN20170314G)

"我在建始工作这几年,就是要让科技之风吹遍金色建始。"(HN20170314Z)

"你说这个茶叶产业发展怎么带动贫困户的脱贫啊,我是这样想的:因为茶叶产业的成功发展推动了村里基础设施的改善。重点贫困村脱贫的那几个标准里面就包括村委会、卫生室、主导产业、安全饮水、信息化的光纤入户,还有这个道路交通,它们都是这个贫困村脱贫考核中很重要的东西。因为茶叶产业的发展推动了村里基础设施发展,同时又推动了其他两个产业的发展,对于整村脱贫,这不就是主导产业带动脱贫了么?因为这个茶叶对全村来讲的话就牵涉到148户,而我们全村是465户,它不仅推动了村庄基础设施建设,还推动了其他300多户的另外两大产业的发展。"(JS20160823B)

二、组织方法

如果高校的扶贫专家直接与贫困农户打交道,不仅存在着语言交流等困难,而且时间成本也高,且帮扶的面狭窄。因此,华中农业大学的产业扶贫模式主要是通过帮扶农业龙头企业、农民专业合作社与种植大户等新型农业经营主体,采用间接扶贫的方式来实现。这一方式的好处是充分发挥了项目专家的特长,同时扶贫的面较广。缺点是扶贫不是直接面对贫困农户,需要经由农民专业合作社和龙头企业等中介辐射、覆盖到贫困农户,而这一间接性,可能会出现无法到达贫困农户的现象。为此,创新科技扶贫模式,将一套扶贫的组织方法嵌入建始的扶贫体系中去,对于扶贫成效的实现至关重要。龙头企业帮扶和农民专业合作社培育就是组织方法的一个重要表现。对此,在访谈中项目专家都有较为深刻的认识:

"每一个企业,尤其是候选的这一些项目,跟我们在建始那边的工作团队关系都是很密切的。就说龙头企业,如果我们想要做好一个扶贫产业的话,我们实际上在选择龙头企业这个上面花了很多的心思和时间。以前的扶贫是怎么做的我不清楚,但是就我们学校定点扶贫建始来看,选的这些项目基本上都做到了这一点。一个企业家如果没有扶贫的情怀,我们就不会选择他。"(HN20170314Z)

"靠我们的专家,靠他的团队去面向千家万户那不可能,我们专家没有时间、没有精力去做这个事。在一定时期,在一定范围内可以,深入持久地开展这项工作是不行的。只有和龙头企业结合起来,那是他自己的核心利益所在,他就会持之以恒地去做这个事情。"(HN20170104)

"我觉得合作社主要有两个作用。第一个作用是技术示范。实际上有些合作社是自发的,就像那个××合作社,在我们去之前它就存在。后来我们去了又帮他们建了一些。做这个一方面是我们的课题有需要,另外一个方面是跟扶贫有关系。我当时在培训的时候,计划培养产业的技术骨干,我们做技术培训是在2014年开始的,去年(2016)和前年(2015)是做得比较多的。我们在做培训的时候在考虑技术的扩散,就是怎么样把它传递给农民。那时候我们在培训的学员当中就着重找了一些相对来说有基础的,年轻一点,他的接受能力更强,有一定的学习能力,有一定的文化基础。先开始我们做示范点,我们课题给他们补贴,我们当时给他们十个点,一个点给5000~6000元,要他们做示范。他们先做示范,示范做得好的话,他们就可以带动周围的人。这样可以成立一个合作社,大的合作社有上百户人,小的合作社有几十户人,当时我们的项目是要把合作社都列上去的。在我们产业扶贫过程中,合作社也是很重要的一环。这是我们'六个一'中的一个'一'啊。这个'一'主要是要给周围的农户做示范,这和技术推广是有关系的。我们会重点扶持这些合作社的领头人,要求自己培养一个人准确掌握关键技术,再去带动周边的人,要求他去做技术服务,而不是我们做技术服务。因为我们的精力不够,我希望他们给农户一般的、常规的技术服务,有重大的他们解决不了的再来找我们。第二个作用就是抱团进市场。农户自身是有短板的,就是他们没有寻找方向和经营产品的能力,这个方向不用他们去寻找,我们已经定了方向了。刚开始的时候因为产品量少,市场供应不足,所以价格很高,鸡蛋卖到一块到一块五一枚,鸡有时卖到15到18块一斤,甚至20块一斤,是因为市场供应量不足,一旦大家都觉得能挣钱,养多了以后,必定形成恶性竞争。合作社可以抱团。抱团实际上是一个经营的理念,如果不抱团的话,很简单啊,你们家也养,我们家也养,市场饱和了以后,就会杀价,完了以后,你的鸡蛋一块五,我卖一块四,他就卖一块三,利润就变小了嘛。因此希望他们抱成团,合作社作为组织把所有人的鸡蛋收回来,从市场经济的角度看,组织就有了一定的参与定价权,可以保证我们的基本利润,这也是成立合作社的第二个目的。这样的话可以减轻农民的负担。农民就只需要一心一意地给自己家找块林地,建个鸡舍,把鸡养好了,提高产出,其他事情就不用管了。这边的事情像产前的种鸡苗啊,饲料啊,一些技术问题啊,合作社都可以解决。合作社负责把养的鸡回收。按

照这种模式来运作,就可以吸纳更多的人参与,农民的进入门槛就降低了,这样扶贫效果更好。"(HN20170314G)

"其实作为高校的专家,并不是我们说没法教单个农户,而是这个效率太低了,所以我们一定会借助中介。现在的中介要么是企业,要么是合作社,对养殖来说合作社更合适,发展得更好一些。搞技术推广的话,合作社是个很重要的媒介。我们定义它为二传手,就是我们的技术先交给它,然后它再利用它的影响力来推广。多了一个级别以后,实际上是个相乘的关系,递增的关系。比方说我一个人带 10 个点(合作社),它再带 10 个,实际上我一个人就带了 100 个。这个乘数效应是非常好的,这也是我们做技术推广的时候特别看重的。"(HN20170314G)

由此可见,扶贫专家们非常明确自己在扶贫中的角色与作用,也深知龙头企业和农民专业合作社的培育在产业扶贫中的地位和作用。正是基于这样的共识,在扶贫实践中,他们结合项目的实施,采用各种方法推动了龙头企业的壮大和农民专业合作社的发展。

第四节　理念嵌入

理念是扶贫系统中关键的要素。如果没有理念的嵌入,没有改变扶贫者和贫困者的内在系统,扶贫模式就会有形无魂,其他要素的嵌入就只是一个形式。对华中农业大学"六个一"产业精准扶贫模式的考察发现,伴随着该模式的持续推进,嵌入整个建始扶贫体系中去的新理念主要有增能理念、大扶贫理念、协同创新理念、市场理念等。

一、增能理念

扶贫本质上是一种对弱势群体的帮扶,是一种助人行动。从某种意义上说,所有扶贫模式都是基于贫困者缘何贫困即贫困原因的基本假定来展开的。对华中农业大学"六个一"产业精准扶贫模式的分析可见,其对贫困地区与贫困农户的产业扶贫是基于能力贫困的假定来展开的。

所谓能力贫困,依据阿马蒂亚·森的观点,贫困应被视为基本可行能力被剥夺,而不仅仅是收入低下。可行能力是指这个人有可能实现的、各种可能的功能性活动。可行能力因此是一种自由,是实现各种可能的功能性活动组合的实质自由,包括免受困苦诸如饥饿、营养不良、可避免的疾病、过早死亡之类基本的可行能力,以及能够识字算数、享受政治参与等的自由[①]。在精准扶贫的国家战略下,产业扶贫被赋予了新的任务,被视为能够提升贫困户的"造血"功能,因此成为产业精准扶贫的核心。

据此,"六个一"产业精准扶贫模式主要采用的是增能的方法来推动贫困人群的能力提升。增能理论主要通过挖掘资源或激发潜能等能力培养手段,让被帮扶对象减少无力感,重拾自信心,拥有更多的责任感,增加改善生活状况、获取资源的能力。增能理论早期在实践中的应用主要是在贫困地区和弱势群体中,后来随着时代的发展,存在"去权"现象的群体数量增多,增权的服务对象群体也得到了不断扩展。目前,增能理论在为失权领域受困群体服务中得到了广泛运用,获得了良好成效。

增能理论在反贫困中强调增加贫困户的"内动力""造血"功能,注重帮助贫困户获取生活发展的资源,使服务对象具备自我发展的能力;着重关注人的内在力量和优势资源,认为个人、群体、组织和社区都有其内在的能力和资源。从华中农业大学"六个一"产业精准扶贫模式来看,充分体现并拓展了增能理念。首先,这一模式注重给贫困户增能,

---

① 阿马蒂亚·森.贫困与饥荒[M].王宇,王文玉,译.北京:商务印书馆,2001.

其目标是让贫困户提升科技能力,掌握更多的生产技能。为了实现这一目标,采用了全链条增能的方式来实现。简言之,首先给扶贫者(高校科技工作者)增能,通过设立项目为其参与扶贫提供资金保障;借助其扶持企业和合作社给整个扶贫体系全面增能,以此实现给贫困户增能,运用各种方式提升贫困户的农业科技能力。

以增能为基本理念,也是与建始县将提高贫困人口自我发展能力作为工作重点,以贫困人口为主攻对象,依托五大产业链建设,加强劳动力"转业、专业、就业、创业"的培训,促进劳动力就地就近转移就业,实行"大培训、大转移、大增收、大发展"的脱贫原则相契合的。

增能的目的是增权。既有研究显示,尽管扶贫项目的最大受益主体应当是农村贫困群体,然而,在扶贫工作实践中,贫困群体由主体变为客体、由目的变为工具,这种角色的倒置常常使其陷入各种社会"褫权"的困境中,被排斥在扶贫工作的大门之外[①]。而要使贫困者摆脱褫权困境,就必须通过增能的方式来使其扩展发展机会,从而恢复和重建贫困者在扶贫中的主体地位。

因为企业相关技术人才的缺乏,专家不仅要进行技术攻关,还要指导企业如何申报获取相关项目支持。而涉农企业规模较小,难以招聘到高素质人才,导致专家们常常从指导做变成亲自做。对此,专家们虽然无怨无悔,但却都明确意识到这并非好办法。一位专家在访谈中明确提出了这个问题,他说:

"其实企业发展中最大的困难就是人才问题,这也是他们目前无法解决的。正是因为企业没有相应的人才,所以很多情况下,他们就只能找我们帮忙。我跟他们开玩笑说,我一开始像他们企业老总的秘书,后来都快成了整个办公室工作人员的秘书了。他们有什么文件和材料,

---

①　马良灿.项目制背景下农村扶贫工作及其限度[J].社会科学战线,2013(4):211-217.

只要是科技口的或者农业口的,就都转发给我,说我们老总让转发给您看一看,看看我们能不能做。不管是参加竞赛、申报项目,还是结题等,全把材料转发给我。因为他们自己不知道怎么做。因此,我跟他们老总专门讨论了这个问题。我认为,企业得有一个与我们项目对接的人,因为我们是带着项目去的,那我们走了这个项目结束了,就要能把人培养出来。比方说你要写项目申请书,那我会告诉你怎么写,你写完了以后我帮你改,改完了我告诉你之后怎么写。只有培养出来了这样的人才,才能使企业实现可持续发展。"(HN20170512)

调查发现,不少项目专家在项目推行中都遇到了一些缺乏发展动力的扶贫对象。这些扶贫对象,不局限于贫困户,也包括各级下派的帮扶干部、贫困村的村干部、参与扶贫项目的非建档立卡户等。针对这种现象,专家们有针对性地实施增能策略,并且依据产业特征与自己的特长,不断创新增能的方法。从调查来看,项目专家各展其能,有的采用了师傅带徒弟的方法,在当地选择具有技术基础的能手作为二传手,教会徒弟,让徒弟作为师傅来传授技术;有的专家选择设计简化技术,将技术转化为一般人群都能接受的方式,如拉一根线,高于线以上的都可以剪枝;有的专家则选择与专业合作社进行合作,由合作社来完成产业项目中技术含量最高、最难以掌握、风险最大的环节。正是通过全面增能,使各方能力都在反贫困的过程中得以提升,华中农业大学的"六个一"产业精准扶贫模式才能实现其扶贫目标。

"我们更多地考虑技术方面的问题,通过技术来支撑这个产业,然后产业能够带动农户。当然,从经营的角度来说,合作社更愿意找那些头脑比较灵活的农户,但往往头脑灵活的人,他就不是贫困户,只要动脑筋他就不可能贫困。贫困户中有这种能力的,也会主动找上门,实际上贫困户中有些人还是有致富能力的。只是因为他的信息渠道很窄,思维比较禁锢,所以他了解外面的情况也很少,慢慢地就麻木了,也不会去思考这个问题。这些人愿意做事但不知道该做什么，也没什么手艺和技术。这些人就需要提升他们的能力。我们景阳鸡养殖中，每年每个村里给农户补贴鸡苗的钱。补贴的钱没有直接发给农民，而是发给合作社，合作社低价或者免费送给农户来养，用这种方式把贫困户拉进来。这种途径是不错的，但也碰到一些很"调皮"的农民。就像 2015 年发鸡苗的时候，农民马上转手倒出去了，套现了。我们看到这种人了。因为一开始的时候制度设计得不够完善，一只鸡苗市场上卖 12 块钱，政府补贴 10 块钱，贫困户只需要出 2 块钱。就有贫困户拿到 1000 只鸡苗后直接把鸡苗卖给别人，11 块钱一只，1 万块钱到手了。你可能说那他拿到钱也算是脱贫了，但是我们扶贫的目的是希望他们能学到技术，以后一直有个饭碗，这样做就达不到目标。这几年国家在扶贫这方面投入非常多，这对贫困地区肯定有好处，但有时也可能会起一个反作用。农民可能会产生依赖思想，有点像欧洲的高福利的国家那样养懒汉，所以给他的钱要合适，你要给得适度才会激励他。你要是给多了，就会出现这样一些人：我也不想要太好的生活，我想得很简单，你要我脱贫，好啊，一年给我 2 万块钱就行了，我就脱贫了。不过我什么都不做，就指望你一年给我 2 万块钱让我脱贫了。所以我们要从制度上避免这种情况，要让他们自己动起来，学到一门技术，真正脱贫。"（HN20170314G）

"重要的是怎么去引导这些企业家，培养他的扶贫情怀。我们所培育支持的这些涉农企业，尤其是候选的支持项目，都是我们认真考察过的。在选择龙头企业这个上面，我们花了很多的心思和时间。如果这个企业家没有扶贫的情怀，对老百姓没有感情，我们就不会选择他。我们有不少干部在建始那边挂职，会有很多企业找他们，要求联系学校专家，在这个过程中，我们就会观察。如果这个企业提出了请求，我们得知了，和那边学校沟通，牵线搭桥之后，就可以观察他们沟通的情况，看企业有没有主动性。其实经过几个来回就可以把他的目的搞清楚,他到底是想依靠技术力量弄一点项目提高自己的利润空间,还是想真为扶贫做点事情,这个可以看得很清楚。可以这么讲,现在把这些企业家聚在一起,你问几个问题说几句话,就知道他想做什么。在支持企业发展的时候,我们会不断向他们灌输一个观念,就是老百姓的利益是绝对不能伤害的。"(HN20170314Z)

二、大扶贫理念

高校参与扶贫,并非是高校独立承担扶贫的工作。华中农业大学在扶贫中,非常明确自己的角色,也在模式运行中不断地强化扶贫是一个系统工程这样一个理念。这也与国家的大扶贫理念是契合的。大扶贫理念是在我国扶贫开发工作的探索实践中提出的。在我国传统的发展模式中,发展资源是通过各个部门,以不同的渠道输送到社会的。各个部门根据各自领域的规划和实际情况分配发展资源,因此存在资源的条块分割和整合度低等问题。大扶贫的理念正是针对这种状况提出来的,其宗旨在于将各个领域、部门的发展资源整合起来,聚合发展力量,提高扶贫效率[①]。

第一,大扶贫要求具有全面的、系统的整体扶贫发展观。在华中农业大学的定点扶贫模式中,秉承"授人以鱼不如授人以渔""扶贫先扶智"的观点,着重从技术上、精神上帮助贫困对象从根源上摆脱贫困。

第二,大扶贫要求与当地经济社会发展的大规划相适应,将扶贫工作纳入当地社会经济发展的规划中,根据当地的经济、社会、历史文化、自然条件等,找准致贫原因,理清脱贫思路,以促进整体经济发展。在华中农业大学定点扶贫中,从产业的选择开始,就是与建始的产业发展

---

① 黄承伟. 与中国农村减贫同行(上)[M]. 武汉:华中科技大学出版社,2016.

规划紧密连接在一起的。扶贫项目深度嵌入建始的特色产业和主导产业中。

第三,大扶贫要求整合各方资源来协调扶贫工作,充分调动各界力量共同参与到扶贫工作中。华中农业大学本身是重要的社会力量,但在建始扶贫实践中,学校充分调动其他社会力量如校友资源等共同参与到扶贫中。

由于学校从上到下树立了大扶贫的理念,因此在扶贫实践中也通过各种方式不断地强化这样一种理念。

三、协同创新理念

协同创新(Collaborative Innovation)是美国麻省理工学院斯隆中心的研究员彼得·葛洛(Peter Gloor)最早提出的概念。协同创新理念体现了协同论、系统论、整合论的思想,与技术创新模式从封闭向开放的转变紧密相关,是对自主创新内涵的丰富与深化,反映了当前科技改革发展的最新趋势。林涛从协同学角度分析指出,高校协同创新系统是由系统内的子系统(高校、科研机构、企业等)和各要素(人才、知识、技术、信息、资金、设备等)以及它们之间的关系流所构成,它依赖于创新系统中不同创新主体的相互共生共享,植根于要素维、时间维和空间维的协同增效过程[①]。

针对建始县扶贫中存在的问题与困难,华中农业大学产业精准扶贫模式着重解决农业产业发展中的技术难题,通过突破产业发展瓶颈实现产业扶贫。但是,要实现技术的突破,仅仅依靠学校的项目专家无疑是不够的,需要校地协同创新。华中农业大学在扶贫中不仅秉持协同创新的理念,而且将其贯彻到建始各个产业的扶贫实践中。各产业

---

① 林涛.基于协同学理论的高校协同创新机理研究[J].研究生教育研究,2013(2):9-12.

攻关项目团队与企业、其他高校及科研机构等多方合作,充分发挥各个创新主体的能力要素之间的互补作用,通过协同和整合力量,共同推动产业发展。

四、市场理念

学校在产业扶贫中特别注重对龙头企业的选择和农民专业合作社的培育,将其视为应对市场的一个重要途径。对此,在调查中很多专家都有所提及。其中一位专家是这样说的:

"事实上建始的整个农业产业的规划我在建始的时候都是参与了的,也参加了这些项目的讨论。我们政府过去在抓一个县域的农业产业的时候,最先想到的是建养鸡场、建加工厂。我当时就提出,任何一个产业,政府在推动它发展的时候,最先应该考虑的就是市场。"(HN20170314Z)

围绕"靶向"产业,依托科技服务团队支持小微企业做实、做大、做强,培育农业产业的龙头企业。学校先后与湖北花果山实业有限公司、恩施炜丰茶业有限公司、建始祥丰农牧有限公司等企业签订科技帮扶协议,建立了建始祥丰农牧公司、陈焕春院士工作站等9个企业技术创新平台,选派9名科技特派员进驻服务,积极打造产业发展领航员。

与此同时,学校充分认识到,由于企业的营利性,即使扶持了产业发展,如果不依托农民专业合作社也很难实现精准扶贫的目标。因此,学校积极协助建始县组建农民专业合作社等新型经营主体,以龙头企业、产业基地覆盖农民专业合作社,以农民专业合作社覆盖贫困人口,实施"龙头企业＋基地＋农民专业合作社＋贫困农户"的精准扶贫方式。

经过共同努力,魔芋、景阳鸡、茶叶、高山蔬菜等产业的龙头企业实现了与多家专业合作社共建基地、订单生产和定向收购的产销协同。

各专业合作社有针对性地吸纳贫困人口进入产业链条,将产业发展受益面向在册贫困人口覆盖,带动贫困户或贫困人口提高收入,实现"发展生产脱贫一批"。

第四章　嵌入机制

依托于产业攻关项目的扶贫模式具体是如何运作的？本章主要从动态视角考察其运作机制。具体来说，本章从三个层面依次展开：一是从微观层面来分析产业攻关项目如何实现产业扶贫；二是从中观层面来分析不同产业扶贫项目之间如何相互作用形成一个整体；三是从宏观层面上分析学校如何整合力量实现产业扶贫目标。

第一节　微观层面的双向互嵌

华中农业大学产业精准扶贫模式在微观层面上主要体现为各产业攻关项目的实施，即各领域的科研团队在项目负责人的带领下开展产业扶贫实践。华中农业大学以产业攻关项目来推动产业扶贫，使得产业攻关项目从立项伊始就明确定位为扶贫项目，其亟待解决的主要问题是提升科学技术创新与推广的减贫成效。因此，从项目层面上来看，产业攻关项目自身呈现兼具科研与扶贫双重属性，而且，研究发现，它与项目负责人主持参与的其他科研项目之间呈现出明显的双向互嵌特征。

一、双向互嵌的原因

1. 产业扶贫项目的特殊性

产业攻关项目是为产业扶贫而设置的。作为扶贫项目，它与科研项目之间有着明显的差异。从学校对产业攻关项目的扶贫成效的强调程度来看,考核的主要是扶贫目标的实现情况,发表论文并非其主旨,即便其研究中发表了科学论文,也是项目的副产品,是项目负责人的自身追求。但从华中农业大学所设立的产业攻关项目来看,几乎所有的产业攻关项目都与项目负责人的科研方向紧密相关。这是因为要实现科技扶贫,项目专家要解决的是扶贫产业发展中的科技难题。而要解决这些科技难题,需要具有相应的科研能力,而证明科研实力最有效的方法,无疑就是前期的研究实践基础。

　　高校参与产业扶贫主要优势在于科学技术,产业扶贫就是科学技术的推广应用。从对各项目负责人的访谈来看,他们尽管也感受到了社会服务对教学科研工作的干扰,但普遍认为社会服务与科研工作是相辅相成的。从调查来看,总体来说,科研基础好、与产业联结紧密的专家,在产业扶贫项目开始时会有更强的参与意愿。在实践过程中,从互嵌中受益越大,专家们继续投入扶贫项目的动力也越大,而这又将进一步提升双向嵌入的程度。

2. 社会服务职能的特殊性

　　如学者们所指出的,大学的社会服务应是学术性的,如果大学提供的社会服务是其他组织能做到的或者可以做得更好的,那大学的这种服务就是"舍本逐末"[①]。

　　从大学的发展历史来看,其三大职责是以人才培养为起点逐渐扩充和发展起来的。新职责的获得或原有功能的拓展都必须与大学原有的职能或作用在本质上具有和谐性,否则新旧职能造成的冲突和相互排斥不仅会破坏大学原有职能的履行,而且会使新的职能处于不稳定状态,从而破坏整个系统的平衡与稳定。[②] 换言之,高校社会服务是依

---

①　王作权.大学组织的社会服务职能新探[J].复旦教育论坛,2007(1):44-48.

②　徐辉.变革时代的大学使命[M].杭州:浙江大学出版社,1999:13.

托于大学的教学和科学研究,大学服务于国家经济建设、服务于社会是有边界的,要以有利于教学和科学研究作为根本。只有扶贫项目与科研项目双向互嵌,才能实现科学研究与社会服务的相互促进,使两种实践活动良性互动。

二、双向互嵌的表现

1. 项目目标的互嵌

尽管学校在设立扶贫项目以及对扶贫项目进行考核评估时,都以解决产业发展的技术问题,帮助企业发展壮大,从而助推贫困农户脱贫为目标,对项目的科研特性及纯科研价值并不看重。但是,要激发项目负责人对扶贫项目的热情与投入,必须将扶贫的目标嵌入科研中,借由科研成果作为本职工作和职称聘任的核心要素,形成推力。因此,学校在扶贫项目设置上非常注意平衡科研与扶贫两者的比重,通过寻找既具有科研实力又具有实务能力的人来开展扶贫项目,借助科研成果的应用提升产业的技术含量,解决产业项目的技术难题;同时借助产业扶贫项目的实施实现科研成果的应用价值。由此,将科技攻关与扶贫助困两个目标相互结合,以项目团队为载体实现合一。

2. 研究内容的互嵌

扶贫项目的选择,首先是高校在定点扶贫县依据自身发展的需要提出若干项目,然后依据自身的资源条件进行选择和确定。这事实上类似于定向招标项目,并非是项目负责人依据自己的研究兴趣自选的。它不仅限制了项目实施的地点,同时还限制了项目研究内容。然而,并非贫困县的所有需求高校都能满足,其选择的依据就是自己拥有这一方面的人才,能够解决这方面的问题。因此,高校在选择项目时,事实上是依据自己的学科实力来进行筛选的。简而言之,扶贫项目的选题是科研项目在扶贫区域的实践运用,是需要有前期的研究基础的。这就使项目负责人从事的两种类型的项目在研究内容上互相嵌入。

3. 研究过程的互嵌

扶贫问题解决的过程,既是一个技术的运用推广过程,也是一个创新过程。因此,这不仅是一个扶贫方案的实施过程,也是一个科技方案的实验过程。扶贫中提出的技术难题,既是产业发展中遇到的难以突破的瓶颈问题,也常常是亟待解决的来自生产一线的新的研究问题。这两个过程如此紧密地结合在一起,以至于很难区分究竟这是一个扶贫过程,还是一个科学研究过程,两者在时间上也相互嵌入形成了一个整体。

4. 研究成果的互嵌

一方面,对于特色产业的发展来说,要能够持续发展,必然要引入新品种、解决新问题,因而围绕着产业发展,专家们在解决问题的同时,也培育了很多新品种,形成了很多新专利,还建立了很多新标准、新规范。这些新品种、新专利、新规范中,蕴含着科研的新成果。另一方面,特色产业的发展也在不断提出新的科研问题,这些新的科研选题在研究实践中也推动研究成果的发表。对此,不同专家的感受不同。处于科研发展起步阶段的年轻一代,更着重扶贫过程中对于自己科研的启发与促进;处于科研发展成熟阶段的中年一代更强调科研成果的社会价值,强调服务社会;而老一辈的专家则已经跳出了科研的压力,更多是运用自己毕生所学开展纯粹的扶贫,同时实现团队的传帮带。他们的一些典型观点如下:

"从事扶贫工作对科研工作肯定会有一定的影响。刚开始,我们发现扶贫工作确实要花费精力去做额外的事情,后来我们发现它也是一个很好的研究材料,我们可以从里头做出一些东西来。做了四年以后,利用它申请专利,这也是我们的科研成果,同时还可以增加我们的实践经验。当然多少还是有点完成学校任务的压力在里头,我们自己的学生也有一些抱怨,开学了以后,每个周五我们的学生都在开会,我们花的时间太多了。虽然会对科研有一些影响,但我觉得还是值得的,来源于产业实践的研究,生产一线的东西,才更有价值。"(HN20170314G)

"现在不是说要我做事(扶贫)了,是我要做事(扶贫)了,其实做到一定程度之后就是双赢……我从扶贫过程中学到了很多东西,通过这样一个平台把我推到一个新的台阶上去了……其实大家内心都是有奉献精神的,能量虽然有大小,但是有这机会还是都想去做一点。八年扶贫这是我们学校的大背景,你作为一个华农人对这件事情不能不知晓。这是华农的一个大背景,一个政治主题。作为华农人,后来说我没去扶贫都有点说不出口的感觉。最早的时候不是这样的,只是觉得×××挺新奇的,我自己没做过,我其实是误打误撞地去做的。去之前其实没有明确的打算,因为一开始我自己没做过,想先去看看嘛,也是抱着一种学习的态度,去了之后发现我可以做点事情。"(HN20170317)

三、双向互嵌的程度

从各项目的多次年度汇报以及从项目专家的访谈来看,扶贫与科研的互嵌程度因项目而异,但总体上较高。调查发现,影响互嵌的因素主要有以下三个方面。

1. 地理距离

华中农业大学与建始县的距离较远,建始县内路况复杂,交通不便,这在一定程度上会影响教师与定点扶贫点的联系,削弱教师的扶贫热情。这一点对于家庭压力更大的女性教师来说尤其重要,这也是专家团队中相对而言男性专家更多的原因之一。

2. 学校支持力度

扶贫作为社会服务,在当前教师职称职务考核中并非核心指标。学校对定点扶贫工作的重视,既体现为对参与扶贫教师的项目支持,更多的是对其行为的嘉奖。定点扶贫作为学校的重要社会服务内容,校内外媒体都非常关注,媒体报道对教师来说是一种精神激励。专家们获得的支持与肯定越多,投入扶贫的时间与精力也越多,相应对扶贫工作嵌入科研工作的要求也会越高,两者的互嵌程度也会越深。

3. 项目负责人的个体特征

一是年龄。整体来说,越是年轻教师,越追求更深程度的互嵌,因为其职业生涯还很长,学校对其的考核主要还是科研,因此,只有将扶贫与科研更好地结合起来,才能做到互促共进。对于已退休或即将退休的教师来说,互嵌就不那么重要,他们主要是将自己的所学运用于扶贫,更呈现出既有科研基础单向嵌入扶贫的特点。二是项目负责人对扶贫工作的认同度。由于扶贫工作不是考核高校教师硬指标,因此高校教师对定点扶贫工作的认同不仅影响其参与定点扶贫的意愿与热情,影响其对扶贫工作投入的时间与精力,也影响其科研与扶贫的互嵌程度。教师的时间、精力是有限的,要在有限的时间内将科研与社会服务工作都做好,就要求两者最好能够互相促进。因此,教师会结合自己的科研特长来开展扶贫服务,与此同时,也会在扶贫的实践难题中寻找下一步的科学研究方向,使两者紧密结合。

四、双向互嵌的机制

1. 目标机制

从目标机制来看,尽管学校将产业攻关项目设置为扶贫项目的最终目的是推动定点扶贫任务的完成,但高校的核心目标依然是人才培养与科学研究。因此,在设置扶贫项目时,学校就同时嵌入了科研目标,由此使科研项目与扶贫项目整合在一起,即产业攻关项目既具有科研属性又具有扶贫属性。扶贫专家通过产业攻关项目来推动扶贫工作,就扶贫工作来说,科研是其工具性属性,扶贫是其目标性属性;而对于科研工作来说,科研成果是其主要目标,扶贫是其附属目标。对于这两者,专家们也觉得难以简单区分,两者虽各有偏重,但常常纠缠在一起。如一位扶贫专家结合自身经历所说的:

"因为扶贫主要就是对症下药,产业需要解决什么问题你就去解决什么问题。我们所谓的"高精尖"的研究适合发文章、适合评教授,但是不适合去解决产业中的实际问题。产业问题就是怎么把这个问题解决,比如成功率怎么从50%提高到90%。这些问题其实没有很高的科技含量,主要就是对产业的敏感性和认知程度。有些老师偏重于理论研究,如果说你不到生产一线去,就和我一开始去看×××一样,实际问题我一点不懂,只能默默地看着,干点活。但是至少我们理念是在的,看多了以后就掌握了一些。在产业里一定要做一个老师傅。这几年也比较强调专利,现在发专利学校也是有补贴的。专利转让了,学校和个人会有一个分成比例。这几年环境宽松了,之前不是说你要么当教授要么当老板么,现在鼓励到生产一线、到企业去解决一些实际问题。这三年多的时间,我是分身在做事情,一边要发文章,一边还要服务产业。这两者难以兼顾,这个时候其实自己心里还是很惶恐的,因为总是会担心我花了很多时间精力去做社会服务、做扶贫而发不了文章,那我评职称的事就要一年一年往后拖。扶贫专家里很多都是教授,去年我们年终总结开会,当时会议上说'今年我们扶贫队伍上了三个教授,三个教授站起来我们鼓鼓掌哈。'当时我也站起来了,这说明扶贫的同时我们也在提升自己啊。"(HN20170317)

2. 动力机制

项目负责人自身有着追求科研目标的动力,而扶贫动力的驱动其实是很不容易的,因而高校主要是通过选人,即选择具有扶贫动力的人来承担项目,实现对扶贫项目的动力驱动。简而言之,扶贫项目的动力主要来源于项目负责人自身。在调研过程中,一个专家与我们分享了他对扶贫动力的看法：

"我扶贫的动力是什么，我还真的思考过这个问题。前阵子他们政协退休的副主席给我一个评价，他就说我这个人对农民是有感情的。对他的这个评价，我后来想了半天，这评价是不是符合我的情况。后来我跟他更正了，不是我对农民有感情，是我对农民很了解，我知道他们苦在哪个地方。从我的经历来看，虽然我们家现在住在城里，但我小的时候就住在农村，我对农民的生活很了解。硕士毕业的第一年，我就到红安待了一年。当时我们所有的年轻老师，一共有十几个人，毕业后的第一件事就是去红安。为此我们评职称的事都推迟了一年。那个时候要求很严格，不能待在县城，一定要下到乡镇。你很难想象我们苦到什么程度。我们苦到连吃饭都要想办法自己解决，靠自己的能力。当时乡镇那个比村镇高一级的管理区叫片区，片区干部不来，没经费，没菜吃，乡镇上又不开集，自己掏钱都买不到菜。后来我们怎么办，我们和周围的老百姓把关系搞好了，我们到他们家田里弄几颗菜吃，因为他们都是自己种菜。那个小地方三个月才开一次集，有钱都没地方买去，就苦到那个程度。但农民还是很淳朴，说'你就到我们地里弄菜，实在不行，没有饭吃就到我家来吃吧。'我们自己也不好意思，因为那时候大家都很穷，生活过得都不是很好，但有时候给农民一点钱他们还不要。实际上这段经历对我了解农民很有帮助。那个时候红安确实很穷，我们去的时候，简直不可想象。我们去的最穷的一家就只有一条好裤子，穷到这个程度。去的时候，土地很贫瘠，连树都种不活，山上光秃秃的，都是片麻岩，又保不住水，什么都种不活。现在好一点了。这是一段对我很重要的经历。后来，我在2003年到黄梅县挂职一年，挂职管农业的副县长，这是第二段经历。也是因为这个，我对农民的需求很了解，我对农民的理解应该也是很准确的，我知道他们怎么想的，哪些地方苦。和我经历相似的老师其实不多。因为做这个事情我的科研还耽误了，我九几年科研做得很好,回来以后就发现不对劲,我从黄梅回来的时候发现我的科研都废了,后来调整了两三年才调整过来。不过这个我也不后悔,也没法后悔。我这个人做事情很投入、很认真。我觉得这段经历也还是有用的,不然我现在不会做得如鱼得水。每次下去,我很理解那些干部,我和他们沟通起来很顺畅,为什么沟通那么顺畅,这是和经历有关系的。我知道他们在想什么东西、他们想问题的方式、他们的思维方式。"(HN20170314G)

3. 约束机制

扶贫是一个良心活,相比科研成果,扶贫成果不容易进行考核。不同行业和不同发展阶段之间都存在着明显的差异。因而,对于专家来说,虽然其扶贫项目与科研项目的互嵌形成了一种互促机制,但如何才能对扶贫项目进行约束,使其更多地指向扶贫目标,外在制约依赖于学校的考核评估,内在约束则只能借助项目负责人自身对扶贫工作的认同。项目负责人对产业攻关项目的扶贫性质与目标认同度越高,其作为扶贫项目的约束力越强,认同度越低,则约束力越弱。当达到对扶贫工作的高度认同时,一些项目负责人甚至会将其内化为一种责任,将其置于其他工作之上。如一位负责人在访谈中所指出的:

"前几天,我这边在忙我的一个国家基金项目的结题,赶一个材料,他(帮扶企业的负责人)给我打了个电话,我就把所有的事情都放下先处理他的事情。我现在手上有一些事情,包括有个重要项目要答辩,他给我打了一个电话让我过去,我晚上坐最后一班车过去了。在现阶段来说,扶贫的事情摆在了我所有事情的第一位。"(HN20170512)

4. 保障机制

学校设立的扶贫专项,本身就是对定点扶贫工作的一种制度保障,也是促进科研项目与扶贫项目互嵌的一种保障机制。学校划拨专门经费用于定点扶贫日常工作,积极整合科技项目资源,安排科技成果培育专项,帮助发展当地特色产业。积极动员专家教授把建始县作为科研实验和教学实习基地的首选地,通过基地建设投入,带动产业发展。

周雪光(2015)曾指出,项目间常常因其要素特点不同而有着不同的组织形态,对项目具体组织形态及其条件进行分析发现,专有性关系和参与选择权两个要素尤为重要。专有性关系指委托方和承包方之间围绕项目而产生的特定关联,体现出组织间差异性。不同项目的专有性关系强度不同,高强度的专有性关系可以降低项目的不确定性。参与选择权则主要指下级单位参与或退出某一项目的选择权,其强度与配套激励强度相关①。依据周雪光对项目间组织形态差异的分析框架,我们最为关注的是作为华中农业大学产业攻关项目的组织形态特征以及这种特征与异同是否影响了其扶贫成效。微观层面的项目运作机制分析显示,产业攻关项目作为扶贫项目,其对相应产业科研基础的高要求使其呈现出较高专有性关系的特征,而扶贫工作的低科研属性则使其在初期阶段参与选择权较低,后期随着扶贫工作的开展,参与选择权逐步上升。因此在早期,产业攻关项目在组织形态上更接近于上级指定(试点),后期的组织形态更接近于双边契约(重点项目)。产业攻关项目的这种组织形态变化因为持续的高专有性关系降低了不确定性因素,逐渐升高的参与选择权提升了激励强度,由此保证了扶贫项目的稳定性,并强化了扶贫目标激励,最终促进了产业扶贫的成效。

---

① 周雪光.项目制:一个"控制权"理论视角[J].开放时代,2015(2):82-102,5.

第二节　中观层面的相互嵌套

对项目层面的分析显示,作为扶贫项目的产业攻关项目不仅自身兼具科研与扶贫双重属性,而且与负责人的科研项目之间呈现出双向互嵌特征。在中观层面上,研究发现,每一个产业都由若干个产业攻关项目所形成的项目群共同支持,项目群之间相互嵌套,协同服务于产业扶贫。这种相互嵌套,既表现为纵向上围绕某一产业的发展而形成的产业扶贫项目群中各个项目的分工合作,也表现为横向上不同产业之间的交叉与技术合作。

一、相互嵌套的原因

1. 专家能力的局限

没有一个产业,只开展某一个攻关项目就能够解决其所面临的所有问题。在同一时间,产业发展面临的问题可能是多样的,而项目专家通常专攻于一个领域,只能或者只擅长解决其中的一个或者多个问题,难以或者无法解决所有问题。

2. 产业发展的需要

随着项目的发展,在解决产业发展中原有问题的同时,也会不断出现新问题。这种新问题既可能是原有技术进一步更新换代的问题,也可能与原来的问题没有直接关系,而是随着原有问题解决,项目不断推进而产生的。事实上,随着产业发展,产业所面临的问题是不断变化的。比如,一开始可能是种植中的育种问题,随着此问题的解决,可能出现大规模种植后的产品加工问题、销售问题等。一般来说,产业领域、产业既有发展水平以及产业发展阶段的不同会形成一种动态的、多样化的产业发展需求。而每个项目的设立,都是依据产业不同发展阶段所面临的最亟待解决的问题,结合华中农业大学的学科力量决定的。比如旧技术限制了生产规模,因而主要是技术问题,当技术问题解决了,可以大规模生产了,遇到的可能就是产品的加工、储藏与销售问题。但科学研究常常是一个精细化的分工,因此,产业的发展客观上要求其他项目的配合,由此相互补充,互为助力。

二、相互嵌套的表现

项目是围绕着产业设置的,其根本目标是通过扶持产业发展从而实现帮扶贫困人群的目标。为了更好地呈现项目之间的关系,明确其如何实现产业扶贫的目标,本研究着重以猕猴桃产业为个案,通过对其产业发展过程中相关项目的设置来分析项目群之间的相互嵌入。

1.猕猴桃产业简介

猕猴桃是 20 世纪人工驯化栽培野生果树最成功的水果之一。中国是大多数猕猴桃种质资源的发源地,也是全球猕猴桃的主要生产国之一。湖北省是猕猴桃的原产中心之一,是我国人工栽培猕猴桃最早、科技实力最强的省份,目前种植面积和产量仅有 15.4 万亩、3.54 万吨,发展潜力巨大。

建始县地处北纬 30°,是最适合猕猴桃发展的地区之一。建始县猕猴桃野生资源极其丰富,几十年乃至几百年的野生猕猴桃随处可见。据《建始县志》记载,1980 年县特产局、轻工业局调查发现,建始县野生猕猴桃面积达 1 万余亩,年产量 1500 吨左右,分为有毛和无毛两大类共 10 个品种,果肉有淡红、翠绿、浅黄色等,并有高产 300 公斤的单株和单个重 156 克的大果。

1982 年,湖北省轻工业局下拨 15 万元专款,引进"海沃德""金魁""米良一号"等良种,并成立了中华猕猴桃研究所,开展野生转家生的研究与引种工作。1983 年,建始县成立了发展猕猴桃的领导小组,进行猕猴桃的培育。1984年,全县共栽培60万株。1985年,培育的"鄂建1号"被湖北省科委和中国科学院武汉植物研究所推荐为全省推广的6个优良品种之一。益寿品牌被评为湖北省著名商标,其产品被认定为中国绿色食品发展中心A级绿色食品。

2000年后,建始县开始规模化种植猕猴桃。经过十多年的努力,2016年已种植猕猴桃3万亩,其中进入盛果期超过1万亩,总产量达3000吨。根据华中农业大学定点扶贫建始产业发展资料显示,截至2017年,建始县猕猴桃种植规模2.9万亩,年产值达到1.86亿元。目前,建始全县猕猴桃和猕猴桃果酒综合产值已突破2亿元,成为该县脱贫致富的支柱产业。

2018年,湖北省农业厅印发《湖北省推进猕猴桃产业高质量发展实施方案》(鄂农办发〔2018〕27号),确定全省建设幕阜山特色猕猴桃优势区和武陵山特色猕猴桃优势区两大优势区。武陵山特色猕猴桃优势区以建始县为中心,覆盖恩施州和宜昌市,建设基地面积超8万亩的特色猕猴桃优势生产区。特别提出,一是要推进冷藏冷链运输。在特色猕猴桃优势区和赤壁市、建始县等猕猴桃主产县市建立高标准、现代化猕猴桃果品商品化处理中心,建设冷库、气调库等储藏设施,配套交易场所,发展冷链物流,实现储藏能力占相应地区猕猴桃产量的60%以上。二要推进精深加工。整合华中农业大学各学科的科研力量,开发猕猴桃饮料、果脯、饼干等系列加工产品,提高附加价值。依托特色小镇开发以猕猴桃饮品(猕猴桃汁、猕猴桃酒、猕猴桃醋等)为主的加工产品,促进观光旅游产业发展。依托优势区、农产品加工园区,支持重点龙头企业发展猕猴桃精深加工,重点开发果粉、保健胶囊等深加工产品,增加猕猴桃果品附加值,提升产业化水平。

2.猕猴桃产业发展中的项目嵌套

对扶贫立项项目进行分析发现,华中农业大学从2013年正式开始定点扶贫建始以来,综合校地双方发展条件,因地制宜,围绕建始猕猴桃产业发展实施了 6 类共 7 个产业扶贫项目,从而形成了包括猕猴桃种植技术、病虫害防治、田间套种、作物肥料、猕猴桃产业升级转型、猕猴桃深加工、产品包装设计及品牌提升等多个环节的建始猕猴桃产业链。华中农业大学猕猴桃产业扶贫项目群的发展不仅实现了华农定点扶贫建始的"助力建始特色农业产业发展,促进科技成果转化落地"的目标,也是华中农业大学产业扶贫项目之间相互嵌入运作的最好呈现。

第一,猕猴桃种植技术及病虫害防治。2013 年是华中农业大学定点扶贫建始县的开局之年。华中农业大学与建始县政府共同编制了"华中农业大学定点扶贫建始县工作规划(2013—2020)",其中为建始县"量身定制"的八项帮扶措施之一就是实施科技攻关项目。选择什么样的项目、由谁来实施这些项目都是华中农业大学需要考虑的问题。猕猴桃作为建始的传统种植作物,当时已有一定的种植规模,但却遭受了溃疡病突袭,正值盛果期的猕猴桃大面积受灾。华中农业大学新农村发展研究院联系到学校的园艺林学学院的果树学专家蔡礼鸿教授,由他带领专家前往建始增援。调查后发现在建始花坪、长梁、红岩寺等几个猕猴桃主产镇都存在着盲目上高山、深栽后患无穷、施肥标准和方法失当、灌溉技术不当等问题。针对建始猕猴桃产业发展中的这一紧迫问题,华中农业大学将"湖北省猕猴桃溃疡病发生调查及防治技术研究与示范推广"项目作为首批定点扶贫科技项目实施,为期 3 年,由蔡礼鸿教授负责。经过项目团队的不懈努力,有效遏制了建始猕猴桃溃疡病,稳住了猕猴桃种植面积。在项目实施期间,团队成员在开展技术培训、现场示范讲解之外,先后编写了《建始猕猴桃实用栽培技术》《建始猕猴桃有机种植技术》和《建始猕猴桃秋季田间管理》等技术资料,为建始县果农传递种植新技术、新理念和新模式。

第二,发展猕猴桃田间套种。建始县猕猴桃种植规模在 2014 年已达到 1.8 万亩,从 2012 年开始以 4000 亩/年的增长速度发展。由于猕猴桃种植到收获有一定的时间周期,受气候条件等因素影响,栽种 1～2 年后方可挂果,3～4 年进入盛果期。猕猴桃树栽种到盛果期之间如何为果农增收创收,如何保证贫困种植户早日摆脱贫困,又成为华中农业大学定点扶贫面临的一个新难题。为此,华中农业大学增设产业扶贫项目发展猕猴桃田间套种来解决该问题。2014 年设立"建始县蔬菜高产高效生产模式的构建与示范"项目,为期三年(2014—2016),由继续教育学院李寒与园艺林学学院徐跃进教授共同负责主持。项目实施期间建立了示范试验片区,分别开展了猕猴桃套种辣椒、梨树套种南瓜、甜柿套种小香葱、核桃套种茄子、核桃套种南瓜等多种套种模式的示范,累计推广套种面积 5000 余亩。其中的猕猴桃套种辣椒模式在当地的猕猴桃种植区得到了有效、广泛的推广,有效保障了果农在猕猴桃未进入生产期的收益。

第三,研发猕猴桃新型有机肥。2016 年,华中农业大学启动实施"建始县特色作物减肥增效施肥技术研究与示范"的产业攻关项目,为期 3 年,由资源与环境学院赵竹青教授团队负责。项目团队在建始县的工作主要包括两个方面:一是围绕当地作物的常见病害进行新型肥试验,以提高作物的产量。通过项目的开展,有效解决了建始县猕猴桃的常见病害藤肿病和劣果等问题,并显著提高了猕猴桃、梨和马铃薯等作物的产量。二是作物富硒技术的提升,项目团队针对葡萄、蓝莓、雪梨、猕猴桃、马铃薯、生姜、枸杞等作物开展了多种富硒实验,并得到了一系列结果,发现猕猴桃在水果中是富硒能力比较强的作物,打造富硒酒业可能有助于建始县富硒产业的发展。

第四,促进猕猴桃产业转型。猕猴桃病害防治项目结项之后,蔡礼鸿教授已成为华中农业大学定点扶贫建始县水果产业的首席专家。根据建始县水果产业的发展需求和华中农业大学产业扶贫项目的滚动淘汰原则,2016年学校设立新项目滚动支持原来的猕猴桃病害防治项目。滚动支持的新项目与之前相比,项目开展的农作物范围由单一猕猴桃扩展至当地特色水果,项目实施的内容也从猕猴桃种植技术和病害防治的基础发展阶段上升为产业发展的转型。在新项目的支持下,建始县猕猴桃产业发展理念逐渐由规模扩展型转变为质量优先型,果品商业化成为首要考虑因素。部分乡镇积极支持果农,成立专业合作社,并组织举办了当地的首届猕猴桃节。同时,也围绕车厘子、六月雪梨、关口葡萄、空心李、高山蓝莓等特色水果开展生产指导。

第五,促进猕猴桃果酒酿造和深加工。随着产业规模的不断扩展,建始县猕猴桃产业发展中也逐渐暴露出一系列问题。2015年,建始县部分乡镇出现猕猴桃小范围滞销问题,引起多方关注;2016年猕猴桃开始大面积进入盛果期,而市场销售环节尚待完善,猕猴桃滞销问题受到地方政府的重视,如何延长猕猴桃产业链,增加产品附加值成为进一步发展提出的新问题。经建始县政府牵线搭桥,华中农业大学先后在2014年、2016年分别立项支持猕猴桃果酒酿造关键技术项目和猕猴桃酒类深加工项目,与当地发展果酒的一个龙头企业对接,为该公司提供果酒酿造及深加工的技术支持。两支项目团队围绕建始县猕猴桃产品加工接力开展工作,为对接的龙头企业提供了技术支撑,从而打通了猕猴桃产业的发展关卡,对延长猕猴桃产业链、增加果品加工附加值有着明显的促进作用。猕猴桃产业链的打通,同时意味着建始县近三万余亩的猕猴桃种植基地,以及成百上千的种植户,尤其是那些依靠产业脱贫的贫困种植户,有了企业兜底保障,滞销时企业兜底回收,市场状态良好时,企业则以次果为主,保障种植农户的基本收入。

第六,猕猴桃产业包装与品牌升级。从 2016 年开始,华中农业大学开始积极推动人文社科教师进建始,探索并建立"科技＋产业＋文化"的文化扶贫模式,助推一、二、三产业融合,以实现文化价值、企业品牌、产业效益、贫困人口收入四方面的提升。2017 年,华中农业大学新立项支持"以产品包装设计促进贫困地区农产品品牌升级应用研究——以建始精准扶贫产业为例"。产品包装与品牌升级成为产业发展的新挑战,也是产业发展的瓶颈。项目负责人带领团队成员在深入调研学校产业扶贫、教育扶贫工作基础上,对建始县猕猴桃产业、枸杞酒、马坡茶、甜柿、冷水鱼、高山蔬菜、景阳鸡等七个扶贫产业进行品牌策划和视觉形象设计。如为建始三里乡马坡茶先后完成系列包装、LOGO、宣传页、企业 VI、淘宝网店设计等,通过提升品牌形象,拓展马坡茶茶叶销量,2018 年春季仅两个月完成以往一年销量,使用新包装后单品增收 20％。猕猴桃是该项目团队投入比较多的产业,先后完成了建始猕猴桃的宣传视频、图像资料和网站设计等工作,为建始县猕猴桃的知名度和销量的提升产生了不小的助力。项目负责人在建始也多次开展关于品牌的报告,帮助当地领导、企业、农户提升品牌观念。猕猴桃产业扶贫项目群见图 4-1。

3. 嵌套的具体表现

第一,单一产业内的分工合作。单一产业内的项目嵌套以各项目的合作分工为基本特点。从华中农业大学产业扶贫项目中的猕猴桃产业项目群的基本概况可以看到,2013 年正式开始定点扶贫建始县以来,综合地方的发展需求与自身资源条件,围绕建始县猕猴桃产业发展实施了 6 类共 7 个产业扶贫项目,其中包括猕猴桃种植技术、病虫害防治、田间套种、作物肥料、猕猴桃产业升级转型、猕猴桃深加工、产品包装设计及品牌提升等内容,基本涵盖了猕猴桃产业化发展的整个链条。

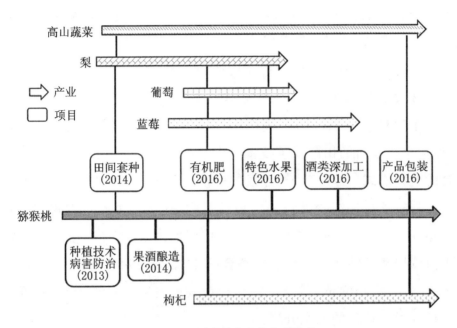

图 4-1　猕猴桃产业扶贫项目群

这些围绕猕猴桃产业化发展所设立的 7 个扶贫项目即可视作一个猕猴桃产业扶贫项目群。同时，围绕茶叶、冷水鱼等不同的产业发展，也形成了各自的产业扶贫项目群，这些产业扶贫项目群共同支撑着建始县的产业扶贫。

　　从单一产业的发展来看，项目群内是一种分工合作的嵌套。在猕猴桃产业扶贫项目群中，7 个项目在实施内容、立项时间和实施地点上有明显的区别，但却有着共同的发展目标，即形成产业化发展，并促进产业效益最大化。2013 年是定点扶贫开始的第一年，建始县猕猴桃受溃疡病影响需要急救，因此华中农业大学专门设置猕猴桃栽植技术与病害防治项目来解决问题；当种植面积稳定之后，随着产业发展的不断推进，当中的问题也不断暴露，需要在相应的阶段设置不同的项目来解决实际问题。从高校产业扶贫的视角来看，正因为项目群中分属不同领域的项目分工合作,使得高校的科研资源能够精准匹配到帮扶产业的各个发展环节,从而实现高校产业扶贫效益的最大化。

第二,多产业间的技术协作。从多个产业之间的联系来看,项目群之间的嵌套主要体现为一种技术协作。围绕猕猴桃产业扶贫项目群开展的 7 个项目也分别同时为其他不同的产业发展提供项目服务。例如,作为单一项目的田间套种技术推广,可以同时试验研究多种农作物组合的套种模式,并在多个产业发展中推广应用。也就是说,各个独立的产业扶贫项目在高校产业扶贫项目群中,基于多个产业发展需求形成了相互交叉的技术协作关系。从高校层面来看,多个产业间项目的技术协作嵌套实际上是高校资源整合的体现,通过对自身扶贫资源(即人才与科研资源)的整合,与贫困县产业发展的需求精准对接,进而推动高校项目制扶贫的顺利开展。

4. 嵌套关系的特点

对华中农业大学猕猴桃产业扶贫项目群的分析可见,产业群的嵌套关系具有以下四个值得研究的特征。

第一,整体性。学界关于政府主导的财政型扶贫项目研究,无论是采用量化的方法探讨扶贫项目的成效及其影响因素,还是采用质性的个案研究方法对个别扶贫项目进行微观层面的讨论,都不得不将研究的视野限定在单个扶贫项目之上。猕猴桃的各产业扶贫项目所构成的整体之所以称为"项目群",是因为它虽然由项目所构成,但构成的项目并非猕猴桃项目的子项目。在华中农业大学猕猴桃产业扶贫项目群中,7 个产业扶贫项目由来自农学、工学、艺术设计、广告学等多个学科领域的专家教授分别负责,所开展的项目研究分属于不同的专业门类,研究之间并无直接联系。但这些看似毫无关联的产业扶贫项目,其实施都直接影响着猕猴桃产业的发展,都从某个领域或者环节服务于猕猴桃产业的发展,共同构成了建始县猕猴桃产业链的支撑。也是从这个意义上来看,多个项目因共同服务于同一产业而建立了紧密的联系,形成了一个项目群。项目群内的各项目通过相互交叉、定向扩展,逐渐发展成为一个有着内在关联的整体。就项目群来看,具有整体性。

第二,时间性。在扶贫项目的研究中,扶贫项目的设置往往贯穿着从中央政府到基层政府的国家意志和政策设计,而由于初始项目的设置和发布方往往是研究者较难调查到的部分,在资料的获取及信息收集的完备性上缺乏实际操作的可行性。因此,关注扶贫项目的案例研究内容大多为扶贫项目落地,进入村庄层面开始实施,或以县/区为单位的扶贫项目库的发展,如殷浩栋等(2017)学者的研究。以此为基础的调查研究所关注的是研究对象在某一时空节点上的情况,无法形成一个连续的过程。对华中农业大学猕猴桃产业扶贫项目群形成的考察显示,项目群内的各个扶贫项目在项目群中以一定顺序出现,由此使项目群的项目具有了时间序列。这样一种时间顺序,是校地双方出于对打造建始特色猕猴桃产业发展的共同认识,从定点扶贫伊始就有意识地进行设计和实施的。项目群中的6类7个项目,其设立实施的时间顺序也正好构成了建始猕猴桃产业链发展的动态趋势。项目群的时间性也成为嵌套中值得关注的特点。

第三,情境性。与定量调查方法不同的是,在质性研究中,研究对象或研究内容与其所处的背景环境往往密切相关。在本研究中,华中农业大学的猕猴桃产业扶贫项目群究其存在背景,是高校参与定点扶贫开发工作。项目群的存在与发展的一个重要情境是华中农业大学在猕猴桃产业的发展中自身所拥有的各学科的资源条件,这也是建始县猕猴桃产业发展的社会经济环境。建始猕猴桃产业链从目前来看已比较成熟和完善,这其中各个重要的发展环节都有华中农业大学的产业扶贫项目参与其中。设置和实施的 7 个项目,有些是全力支持建始猕猴桃产业的某个环节,有些是部分参与产业链的发展,有些是比较特殊的项目如猕猴桃产品深加工。从 2014 年至今,已先后设立了两个产业扶贫项目定点支持。也有些项目支持的环节处于猕猴桃产业链的关键环节,在实施成效良好的情况下,由华中农业大学继续滚动支持项目发展,有代表性的是园艺林学学院的徐跃进教授于 2014 年开展的"建始县蔬菜高产高效生产模式的构建与示范"项目,为建始猕猴桃田间套种提供了新方案。2016 年结题后继续服务于建始猕猴桃产业发展。"蔬菜新品种、新模式推广应用"作为滚动支持的项目,在建始推广包含猕猴桃田间套种在内的多种蔬菜套种模式。总体来说,项目群中每个项目设置和实施的时间以及支持的时间长短均回应了建始猕猴桃产业发展的社会经济环境要求。项目群的产生与拓展与其所处的情境是紧密相关的。

　　第四,独特性。将项目群作为一个分析单位进行分析,实际上将其作为一个个案,运用的是质性研究中的求全法(或称个案研究)。求全法追求事物(现象)的本质独特性,"认为所谓研究,就是理解这种独特性"(黄盈盈等,2008)。求全法要求保持对分析对象的独特性的尊重,避免既有经验对产业扶贫项目群特殊性的呈现造成影响。项目群由单个项目组成,将单个扶贫项目作为基本分析单位在既有的研究中积累了不少的分析框架,但对项目群进行的研究总体来说较少。在尝试揭示项目群的嵌套机制时,必须认识到每个项目群都具有独特性。这种独特性,无疑会对项目群的分析产生影响,可能使得猕猴桃产业项目群的嵌套机制分析结果并不一定适用于其他产业项目群。

三、相互嵌套的机制

1. 目标机制

从目标机制来看,所有产业扶贫项目的目标无疑是服务于学校的扶贫工作。

依据华中农业大学定点扶贫建始县工作规划(2013—2020),扶贫工作的目标是:坚持"发挥优势、科教支援;尽力而为、量力而行;科学谋划、稳步推进;校地联动、汇集资源"的原则,以建始县实际需求为导向,瞄准贫困人口,瞄准有带动和辐射作用的项目,瞄准最突出、最迫切、最需要解决的实际问题,努力用八年时间(2012—2020 年),以科教扶贫、产业扶贫和智力扶贫为着力点,发展建始县现代农业,提高建始县农业、农村和农民的自我发展能力,为建始县实现脱贫致富提供科教和人才支撑,助推建始县 2020 年全面建成小康社会。

由于需要整个项目与学校的其他扶贫举措一起共同服务于扶贫目标,因而,各项目之间围绕着共同目标,不可避免地产生相互联系。对于每一个具体项目来说,项目的目标是整个定点扶贫目标的构成要素。

2. 动力机制

为了促进项目的实施,学校以新农村发展研究院建立了"党委统一领导、党政齐抓共管、新农院统筹协调、校企合作协同、校地联动推进、学院组织主导、项目推进实施、首席专家负责"的组织模式。建立了导向激励机制,新设科技创新成果推广岗位,从职称晋升、工作量认定、专项补贴等方面激励教职员工支持和参与社会服务工作。

通过编制定点扶贫八年工作规划和年度工作计划,明确目标和任务,分工到部门,责任到人,做到有计划、有监督、有总结。出台《建始县定点帮扶工作考核奖励办法》,总结提炼工作经验和典型事例,评选表彰成效显著的先进集体和表现突出的先进个人,形成学校高度重视、人人积极参与的共同扶贫良好氛围。

3. 协调机制

学校与建始县建立了校地联席会议制度,每年召开一次工作例会、两次工作推进会,校地主要领导亲临建始县扶贫一线,聚焦定点扶贫的重点问题,解决扶贫过程存在的困难与问题,推动扶贫工作的开展。与此同时,建立"校地联动推进、校企合作协同、项目落地引领、首席专家负责"的扶贫工作组织协调机制,强调以企业为载体,发挥落地产业项目的引领作用和首席责任专家的核心作用。

从具体组织协调来看,建始县扶贫指挥办公室与华中农业大学新农村发展研究院承担了项目组织协调的主要工作,发挥了积极的链接作用。前者连接着需求端,后者连接着供给端。在项目的组织与协调上,新农村发展研究院不仅对接建始社会经济发展和扶贫攻坚工作的需求,而且积极寻找本校的人才、科研和教育资源,给予对口扶贫。

4. 约束机制

从约束机制来看,主要包括监督、评估和奖惩三个方面。高校确定扶贫项目后,还要关注项目的进展方向,监督产业扶贫项目工作的开展,评估产业扶贫项目工作的成效,同时,及时依据扶贫成效进行奖惩。

华中农业大学定点扶贫建始县工作规划(2013—2020)明确规定,"各类扶贫人员在建始县开展扶贫工作要紧紧依靠政府组织,密切联系困难群众,严格遵守工作纪律。只能予,不能取;只帮忙,不添乱。不做违背群众意愿的事情,不接受吃请和报销开支,不搞陪同和迎送,尊重民风民俗。"这是对学校开展扶贫工作提出的总体要求,也是对扶贫项目实施提出的纪律要求。在此基础上,项目扶贫还需要遵循学校的各项管理制度,如项目经费的使用,需要遵循学校的相关财务制度规定;项目的评估,需要遵守学校对于项目考核结项的基本程序;依据考核评估的结果,会依据学校的制度规定进行奖励或惩罚。这些约束机制,并不是单独为扶贫项目设置的,而是依托学校既有的项目管理制度。

5. 保障机制

在组织保障上,为实现扶贫目标,学校成立了由校党委书记任组长、分管科技和社会服务工作副校长为副组长、学校办公室、组织部、校团委、人事处、教务处、科发院、研究生院、学工处、计财处、继续教育学院和资产经营公司主要负责人为成员的定点扶贫工作领导小组,确保对定点扶贫工作的有力组织和坚强领导。领导小组下设办公室,办公室设在科发院,负责定点扶贫的日常工作。

在政策保障上,学校出台扶贫工作量等同教学工作量、扶贫工作业绩等同科技创新成果的"双等同"制度,以举校体制,从思想上、组织上、制度上全方位协同推进扶贫工作落到实处。

在工作保障上,学校建立了以挂职干部为载体的工作保障机制。挂职干部在全职服务地方建设的同时,还充分发挥纽带作用,集成学校优质智力要素,对接地方特色农业资源,积极搭建政产学研用平台。按照《华中农业大学定点扶贫建始县工作规划(2013—2020 年)》,还建立了相关配套机制。

在人员保障上,学校通过 111 计划等,动员全校教职员工作为扶贫工作的后备力量。一方面,借助暑期实践等,吸纳大学生作为青年志愿者参与扶贫;另一方面,通过学校后勤将产业扶贫的成果引入学校市场,不仅让广大师生更多了解建始,而且实现了消费扶贫。

第三节　宏观层面的单向嵌入

实施科技攻关项目是华中农业大学产业扶贫建始县的主要方式，在华中农业大学的产业扶贫项目开展中，项目的设计、实施与考核评价都是围绕着国家扶贫开发工作重点县（建始）的一种"单向嵌入"。

一、单向嵌入的原因

1. 工作任务特性

定点扶贫是一项重要的政治任务。这个任务，仅从字面来理解，首先是要扶贫，即要求是对贫困地区实施帮扶，这无疑是一个单向的支持。这个任务也不仅仅是帮扶贫困地区，所谓定点扶贫，还意味着扶贫地点是确定的，不能任意选择扶贫的地点。因此，任务实施的地点不具有可选择性。

国务院、中组部等八部委联合发布的《关于做好新一轮中央、国家机关和有关单位定点扶贫工作的通知》（国开发办〔2012〕78 号）对帮扶单位的扶贫工作提出了明确要求，即"从当地实际出发，因地制宜制定帮扶规划和实施方案，推进定点扶贫地区经济、社会、文化、生态建设，提高扶贫对象自我发展能力，实现脱贫致富。"由此可见，定点扶贫在制度设计上对贫困地区有着明确的指向性，即由帮扶单位对国家扶贫开发工作重点县开展扶贫工作，所制定的帮扶规划和实施方案都是以推动定点扶贫地区发展为目标，并且是一种对定点扶贫开发地区的单向投入。

2. 高校特性

若华中农业大学的产业扶贫方案不参考建始的产业扶贫规划，没有明确高校在产业扶贫中的关键环节所在，高校自行完成类似于动员农户参与产业发展或提供一对一的科技服务等,无疑须投入大量人力、财力和时间,这种一线扶贫工作基本没有可行性;而在财政和人力资源欠缺无法开展一线扶贫工作的情况下,就需要挖掘高校自身优势资源与建始县实际发展需求匹配。华中农业大学通过与建始县共同制定八年规划,明确了产业扶贫方式是以科技项目支持建始县涉农产业的公司和专业合作社。通过产业扶贫项目帮助建始农业产业发展攻克技术难关,充分发挥校地双方资源优势,打造特色农业产业,进而实现以项目促进高校定点扶贫的目标。

二、单向嵌入的表现

1. 指向地点

自 2013 年起,华中农业大学在建始县实施了一系列精准扶贫产业攻关项目,涵盖了种植业、养殖业、水产业、文化提升等多个方面。与常见的高校技术服务项目多以高校的实验室、实验田为主要项目开展地点所不同,华中农业大学在定点扶贫中实施的精准扶贫产业攻关项目均以湖北建始为项目实施地点。负责产业扶贫项目的专家及其研究团队定期赶赴建始对接涉农企业或专业合作社开展工作,有不少项目团队成员进入建始的涉农企业或专业合作社长期工作,以推进精准扶贫产业攻关项目。

2. 服务对象

华中农业大学所开展的产业精准扶贫项目并非普通的财政型扶贫项目那样直接针对贫困户,而是针对贫困地区的涉农企业或专业合作社,也就是说华中农业大学产业扶贫的精准扶贫对象是具有(潜在)扶贫能力的人或单位,高校通过帮扶这些能够产生辐射带动作用的人或单位实现产业扶贫的目标。华中农业大学产业扶贫项目顺利实施的关键要素之一是项目执行主体——参与定点扶贫的各院系专家教授及其研究团队,与项目实施对象之间的嵌入性关系。华中农业大学产业扶贫项目的专家教授及其团队大多以首席专家、技术顾问等身份在相关的涉农企业或专业合作社中负责技术研发等工作,也就是说,项目执行主体以类似企业成员的身份嵌入其中,从而保证了华农的产业扶贫项目在建始顺利开展。

3. 最终目标

华中农业大学定点扶贫建始所设立的精准扶贫产业攻关项目均属于华中农业大学自主科技创新项目,其经费也源自校自主科技创新基金的项目经费预算。按照基金管理办法中的项目管理要求,经费支持科研团队用以开展项目的各项规定范围内支出,并对项目的成果管理有着明确的规定和要求。常规性的基金项目所产生的成果一般包括论文、论著、技术文件、专利、成果报道等,而建始扶贫项目在设立时就带有社会服务与科研创新的双重性质,在项目的实施过程中,更多的工作内容是帮助解决建始县农业产业发展中的瓶颈问题。也正是如此,在建始设立的 24 个产业扶贫攻关项目在成果考核上,皆以产业扶贫攻关项目为建始县农业产业发展带来的规模、产值和扶贫成效的提升为标准。就项目目标来说,也具有单向性。

值得注意的是,目标设置权虽在学校,但是由于扶贫项目的特殊性,在实践过程中,这些目标本身并不一定总是清晰明确的。如果目标是发表论文,这一目标无疑比较清晰,指向也明确,因此非常容易考核。但是扶贫项目的目标常常具有模糊性,如扶贫常常需要对贫困户进行培训,培训的人数是很容易明确的,但培训是否真的符合被培训人的需求,对这些人的能力提升是否有作用,以及经过培训,被培训对象的能力要达到什么样的程度,这些目标就很难有一个清晰可辨的标准。另外,扶贫常常具有多重目标,这些多重指标之间也可能会存在着矛盾与冲突,由此导致目标模糊。如农业产业的发展与涉农企业、合作社的发展以及贫困农户产业发展需求之间可能存在矛盾,从而导致目标模糊。

4. 缔结关系

从"友军"到"重要方面军",华中农业大学副校长姚江林同志的这个形象比喻呈现了嵌入的程度变化。总体来说,嵌入是一个逐步发展的过程。

定点扶贫早期,华中农业大学将自己定位为建始扶贫的"友军",所谓"友军",即非隶属同一个统帅部,但有共同作战目标,并协同作战的军队。如抗战时期国军与共军,抗美援朝时期中国人民志愿军与朝鲜人民军等。这个比喻中贫困是建始与华中农业大学的共同敌人,是两者的共同作战对象,但华中农业大学虽然协同建始一起作战,却非隶属于同一个统帅部。

定点扶贫后期,华中农业大学将自己定位为建始扶贫的"重要方面军"。方面军通常在战时组建,担负一个或数个战役方向上的作战任务,可独立作战或与其他方面军协同作战。与友军最大的不同在于,方面军作为同一统帅部之下最高一级的作战建制单位,是外与内的区别。即作为方面军,意味着成为内部构成部分。

"从友军到方面军",不仅仅是一个比喻,它意味着华中农业大学定点扶贫战略层面或者说顶层设计的根本改变,体现了学校提高了政治站位,把脱贫攻坚进而实施乡村振兴战略作为必须扛在肩上的重要政治责任,也形象地揭示了宏观层面嵌入的逐步深入。与此同时,这一比喻还深刻地体现了双方所缔结的关系是围绕着扶贫形成的,具有单向嵌入特性。

三、单向嵌入的机制

1. 目标机制

依据《中共中央办公厅国务院办公厅关于进一步做好定点扶贫工作的通知》(厅字〔2010〕2号),定点扶贫工作总体任务是:"广泛宣传党和国家关于农村工作的各项方针政策,帮助贫困地区干部群众更新思想观念、不断提高素质。采取有效措施,尽快帮助稳定解决扶贫对象温饱问题并实现脱贫致富,重点提高贫困乡村和农村贫困人口的自我发展能力。坚持开发式扶贫,积极推动加强基础设施建设、提高基本服务能力、培育农业主导产业,促进定点扶贫地区经济社会全面协调可持续发展。创新工作机制,整合各种资源,努力形成推动扶贫工作的强大合力。在地方党委和政府统一领导下,协助当地推进农村基层组织建设。"

从目标机制来看,定点扶贫的目标是比较模糊的,在相关文件与领导讲话中,仅用"应帮尽帮,应扶尽扶"作为目标。即应该承担定点扶贫任务的单位都承担起来,没有空白;应该覆盖的重点县都有定点结对关系的单位,没有空白。

尽管没有明确的目标要求,但扶贫目标的指向是非常明确的,即指向所帮扶的贫困县。对于华中农业大学来说,即建始县。简言之,定点扶贫的扶贫对象仅限于建始县。目标的单向性与确定性决定宏观层面的嵌入是单向嵌入。

2. 动力机制

从动力机制来看,尽管涉及建始县对定点扶贫的配合,但整体来说,因供给端是高校,因而需要激励的主要是高校,以提高其参与的积极性。

动力主要有压力、引力、推力、拉力四种。从整体来看,国家环境和教育部的要求主要是压力,而学校社会服务职能的发展及由此所获得的社会声誉是引力,推动的力量主要是学校的相关主管部门,拉力则来源于建始县。

3. 协调机制

《关于进一步完善定点扶贫工作的通知》(国开办发〔2015〕27 号)进一步提出,中央直属机关工委、中央国家机关工委、中央统战部、教育部、中国人民银行、国务院国资委、解放军总政治部分别牵头联系中直机关、中央国家机关、民主党派中央和全国工商联、高校、金融机构、中央企业、解放军和武警部队的定点扶贫工作。据此,高校参与定点扶贫的牵头联系单位是教育部。

教育部在校地合作中具体的工作主要是组织协调更多的高校参与到定点扶贫中来。总体来说,这一协调机制并不直接促进高校与地方之间的合作与交流,而是以促进参与定点扶贫的高校之间的交流为主。教育部作为高校的直管部门,借助已有的资源,为各高校开展定点扶贫工作创造了一个交流互动的平台,通过进行典型经验交流和优秀表彰,协调促进高校定点扶贫工作。

4. 约束机制

《关于做好新一轮中央、国家机关和有关单位定点扶贫工作的通知》(国开发办〔2012〕78 号)明确指出,中央、国家机关和有关单位的定点扶贫工作由国务院扶贫开发领导小组统一领导,国务院扶贫开发领导小组办公室、中央组织部、中央统战部、中央直属机关工委、中央国家机关工委、教育部、国务院国有资产监督管理委员会共同负责指导协调、组织实施和督促检查;军队和武警部队的定点扶贫工作,由解放军总政治部和国务院扶贫开发领导小组办公室负责指导协调、组织实施和督促检查。国务院扶贫开发领导小组办公室负责定点扶贫的日常工作。国务院扶贫开发领导小组办公室将通过适时召开会议、开展业务培训、实地督促检查、组织舆论宣传、交流典型经验等方式,加强对定点扶贫工作的指导;建立健全定点扶贫定期通报、定期表彰等工作机制,完善定点扶贫工作管理办法,进一步提高定点扶贫工作管理水平。

《关于进一步完善定点扶贫工作的通知》(国开办发〔2015〕27 号)进一步提出,在国务院扶贫开发领导小组统一领导下,按照业务归口和党的组织关系,由牵头组织部门每年对各自牵头联系的单位定点扶贫工作进行考核,主要考核定点扶贫文件规定的有关事项落实情况和定点扶贫县减贫成效。考核结果经国务院扶贫开发领导小组审定后,报党中央、国务院,并在一定范围内通报。

由此可见,整体上看约束机制是一种软约束,教育部对于高校开展定点扶贫没有强制的明确的硬性任务规定。当然,这也与定点扶贫任务本身的特性有关,因为这并不是高校最重要、最根本的职能。对此,负责扶贫项目的学校管理人员在回答定点扶贫有没有考核评估时,是这样说的:

"你说教育部对定点扶贫工作有考核评估吗?每年教育部都要求要交一个定点扶贫的年度总结。反正叫总结,我不知道这个算不算评估。我看到做得好的有人表扬,但是做得不好的也没看到说'你们这个怎么这样啊'。如果说你是从高校工作约束机制这个方面出发的话,我是这样理解你问这个问题,是想建立一种高校成为定点扶贫单位之后的约束机制,你这个做得不好,我就来谴责你。对于我们来说,就是自己给自己上个发条,自己给自己上个紧箍咒,认认真真去做。作为一个大学,第一是人才,第二是科技,第三是社会服务。社会服务并不是学校最重要、最核心的职能,而且社会服务不太好考核,在我国高校评估体系中一直不太受重视。因此扶贫这个任务确实是一个良心活儿、是一个责任活儿。如果有的学校认为这也是提升社会声誉、实现高校自我存在价值的一个现实手段、现实需求的话,会努力来推进这个事情。也有学校没有推进呀,你看报纸上没有批评哪个学校呀,是不是?大家都只说自己做得好,绝对不会有人站出来讲自己做得不好。如果想对高校建立约束机制,仅仅依靠像社会声誉这种软的机制,我想是不太现实的。要把它形成约束机制的话,就要把它跟相关领导的工作挂钩。"(HN20170228)

由此可见,对于高校而言,虽然扶贫是一个政治任务,但因其并不易于考核,因而其重要性及落实状况在很大程度上依然依靠高校领导对它的认识。这种软约束的考核评价机制虽然缺少强制力,但也增强了灵活性,易于激发各扶贫单位的自主创新。

5. 保障机制

定点扶贫制度安排是高校项目扶贫合法性的获得渠道,以及项目在贫困县顺利开展的制度保障。但是由于定点扶贫任务的特殊性,教育部对于定点扶贫工作并没有相应的保障措施。简而言之,没有专项拨款,也没有专门的岗位设置。《关于做好新一轮中央、国家机关和有关单位定点扶贫工作的通知》(国开发办〔2012〕78号)对帮扶单位开展扶贫工作要求"要结合自身特点和优势",并且"定点扶贫结对帮扶时间原则上同国家扶贫开发纲要实施期限一致"。这也说明,帮扶单位自身的特点和优势是其开展定点扶贫工作的依托,因此从宏观环境来看,定点扶贫主要是一项有着明确的时间规定的工作任务,其保障措施是不够明确的。

第五章　模式反思

　　扶贫模式的成效评价是当前扶贫研究与实践的一个难题。由于高校的产业扶贫是通过嵌入的方式实现的,因此其成效难以简单判断。一个嵌入式的扶贫模式,其成效不仅包含直接效果,也应该包含间接影响;不仅要考察短期效果,更需要考察长期成效。因此,在本章中,我们将项目成效作为直接与短期的成效进行呈现,而将企业、产业与区域发展等作为间接和长期的成效来分析。

第一节　模式成效

一、项目成效

　　尽管各个产业扶贫项目的目标不同,但通过攻克技术难关,都较好地促进了所在产业的发展。虽然缺乏总体的统计数据,但是从各个项目的年度汇报和媒体报道,可以一窥其扶贫的基本情况。

　　以 2015 年项目实施的成效状况来看:

　　通过实施"景阳鸡保种群的建立、遗传多样性评估及其特色基因的挖掘"产业攻关项目,建始景阳鸡疫病得到控制,成活率从不足 50％提高到 95％以上,"553"生态养殖技术大范围示范和推广,景阳鸡养殖规模逐年翻番,2015 年达到 60 万只,农民收入达 6000 万元。

　　通过实施"建始县茶叶（乌龙茶）技术体系的构建与示范"产业攻关项目，茶叶成活率从 70％提高到 95％，产业基地通过中国和欧盟有机产品认证，建立了建始县茶叶生产加工技术体系，建始金观音乌龙茶在全国影响力持续增加，"硒之泉"茶饮料投放市场，已成为拉动地方经济发展和带动贫困人口脱贫的重点产业之一。

　　通过实施"湖北省猕猴桃溃疡病发生调查及防治技术研究与示范推广""建始县猕猴桃果酒酿造关键技术研究与示范"产业攻关项目，猕猴桃栽培技术体系得以建立，猕猴桃溃疡病得到较好控制，猕猴桃果酒、果汁饮料等深加工产品开发成功，2015 年猕猴桃和猕猴桃果酒产业综合产值达到 2 亿元。

　　通过实施"建始县蔬菜高产高效生产模式的构建与示范"产业攻关项目，建始山地蔬菜产业被列为全县推广种植大户带动贫困户脱贫致富的"千户万家"计划。

　　通过引进并选用适用新品种，推广高产高效生产新模式，建设出口基地等，促进了山地蔬菜产业快速发展。定点扶持的恩施鑫地源农业开发有限公司销售收入从当初不到 500 万元迅速发展到 2015 年的7800 万元，带动了一大批贫困户脱贫。

　　通过实施"建始县现代甜柿产业关键技术研究与试验示范"产业攻关项目，因地制宜开发出控制生理落果技术、简化修剪技术、施肥技术、病虫害防控技术、肥料管理技术、果实长期保脆技术的甜柿栽培技术体系，甜柿种植面积快速扩大，2015 年达到 10000 亩，产值达到 4000万元。

　　通过实施"魔芋高吸水性纤维及应用"产业攻关项目，在魔芋软腐病防控、新品种选育和推广、魔芋低硫烘烤技术研发、魔芋酸奶研制、魔芋飞粉综合利用等方面取得突破。2015 年魔芋产业综合产值达 3

亿元。

通过实施优势玉米新品种"华玉 11 号"选育与推广产业攻关项目，选育品种华玉 11、双玉 919、华玉 12、华玉 13，累计推广面积 6 万亩，每亩增收约 500 元，带动农民实际增收 3000 万元左右。

通过实施"建始县特色枸杞资源挖掘、规范化种植及精深加工产品开发"产业攻关项目，开展枸杞种苗规模化繁育技术研究，湖北枸杞珍酒业有限公司快速成长为具有一定影响力的明星企业，2015 年产值达到 3000 万元。

通过实施"建始县富硒冷水鱼生态养殖研究"产业攻关项目，扩大了冷水鱼养殖规模，引进了新的种苗，改善了养殖环境和养殖技术。恩施州国硒冷水渔业开发有限公司成长为全省著名富硒水产品企业，2015 年产值达 2300 万元。

对相关产业专家的访谈结果也同样证实了这一点。虽然只是一个小小的产业攻关项目，但是撬动了整个扶贫产业，通过攻克技术难关，被帮扶的企业获得了竞争优势和发展空间，贫困农户也因此扩展了创收渠道，受益脱贫。一个项目专家激动地告诉我们：

"我们扶持的枸杞产业的扶贫效果非常好。我们学校不是有'六个一'的扶贫模式么？我们也总结了我们的模式，就是一个农户你有一亩地，这一亩地我来租用，我给你这一亩地的租金，然后雇你来种枸杞，这一亩地的果苗我提供给你，一亩地 300 株，一株 5 块钱，免费提供给你 1500 块钱的东西，这一亩地的肥料、农药免费提供给你，你在你自己的一亩地上务工，比如说你一亩地一年用 50 个工，这 50 个工的费用我们提供给你，你在你自己的田里做事我还给你钱。然后你这一亩地包括这一亩地以外的所有枸杞我全部回收，通过这种方式，如果种得好的话这一亩地可以达到 5000～10000 元的收入。果苗种下去了以后不是每年都要投入,可能前三年不是丰果期,第四年到丰果期了可以有长达30年的收益,就相当于拿了一个金饭碗一样的,至少是可以助你脱贫的。如果种2亩地,一亩地到丰果期有8000～10000元的收益,你想一下这是一个什么概念,你要是种3亩地的话那就更不用说了。2017年我们又新签了200亩地。脱贫关键是最开始的那一步很难,你开始这一步所需要的东西我全部提供给你,你只要种植和回收。你有收益了,就再买一点,明年扩大一点,后年再扩大一点,有个三五年不就可以了么? 去年有一个老太太,她有一亩地,当时是收入了4000多元还是6000多元,具体我不记得了,但收入和以前相比明显提高了。因为我们签了协议的,不存在收购价格的波动、丰产不丰收之类的问题。比如说这个南瓜今年2块钱一斤,我收了2000斤,明年我可能收了10000斤,可能就7毛钱一斤了。但是这个枸杞不存在这种情况,都是每年以一个稳定的价格收购的。"(HN20170512)

来自村干部和农户的调查更让人倍感欣慰。调查中有村干部表示,华中农业大学的专家没有一点架子,他们经常到村里来进行技术指导,对村里农户都非常熟悉,哪家种的什么品种以及种了多大面积,都非常清楚,对村里的产业发展起到了重要的支持作用。还有的村民表示参加过多次专家的培训,很有收获,自己也有专家的联系方式,如果生产中遇到问题与困难,可以直接向专家咨询。

"我跟罗老师经常微信联系,我有什么问题都会请教他,然后他会给我提供指导,包括我家路口那片田也基本是罗老师示范剪枝帮我剪出来的。我去华农参加过两次培训,收获很大,现在包括种植、剪枝在内的成套技术基本都掌握了。华农老师教我们东西是没有保留的,只要你愿意学。现在村里其他人有技术问题经常都跑来问我,我知道的也都会跟他们说。只有整个村的产业都做起来了,我们村才会发展得

更好。"(JS20170329B)

二、产业发展

通过帮扶,建始县的涉农龙头企业真切地感受到了科技元素对企业发展的强大推动力量,企业日益壮大,有力支撑"发展生产脱贫一批",在扶贫中起到了良好的示范作用。学校与企业签订科技帮扶协议,建立了 9 个企业技术创新平台,选派 9 名科技特派员进驻服务。在学校的科技支撑下,定点帮扶企业累计申请专利 10 项,获批科技项目 7 项。以下以两个被帮扶企业作为典型进行介绍。在产业帮扶的积极牵引下,通过产业龙头企业带动,近年来建始县共通过发展生产脱贫近 6 万人。

1. 湖北枸杞珍酒业有限公司的交钥匙工程

"没有一个好产业,要扶贫简直是空谈!"华中农业大学定点扶贫建始县重点支持企业湖北枸杞珍酒业有限公司的创办人朱和平如此说。

朱和平创办的湖北枸杞珍酒业有限公司是一家集湖北杂交枸杞的种植、科研、加工、销售于一体的龙头企业。杂交枸杞是朱和平历经多年艰辛引入建始县的,是他找到的一个脱贫致富的好产业。在枸杞产业的发展过程中,朱和平与华中农业大学结下了深厚的情谊。2008 年创办企业后,因为原有技术难以实现对枸杞的良好运用,朱和平的枸杞梦陷入困境。2010 年,朱和平打听到华中农业大学曾研究过枸杞原浆酒,但主持研究的夏齐彬教授早已退休。为掌握这项技术,朱和平辗转湖北麻城、江苏等地,终于找到夏齐彬教授。朱和平不惜高薪将夏齐彬教授"挖"到建始。一天天试验,一次次积累,十多个月后,终于试验成功。为稳定技术,朱和平重金留住夏齐彬,手把手地培养技术骨干。2012 年秋天,朱和平多方筹措了 1000 多万元资金,建起了年产千吨枸杞原浆酒的现代化工业厂房,安装了国内最先进的自动化枸杞鲜果酿造酒生产线,建起了储量为 500 吨的鲜果保鲜库。终于,经他亲手精心改进的设备,成功生产出了国内唯一用枸杞鲜果酿造发酵的枸杞珍酒,使"湖北杂交枸杞"产业化发展,从此走上了良性循环的创业之路。

自从 2013 年华中农业大学开始定点扶贫建始之后,建始县多家企业都与华中农业大学签订了帮扶合同,通过校企合作的方式帮助贫困地区发展产业,进而带动贫困户,振兴一方经济。朱和平的枸杞珍酒业也紧紧抓住了这个绝好的机会,与华中农业大学在 2014 年签订了合作协议。协议的签订、合作的开展打开了枸杞珍酒业发展的新局面。2014 年以来,以枸杞鲜果基地建设及深加工研发为主,生产出的产品"开俏"牌枸杞珍酒在香港食品博览会上荣获金奖,在第十一届中国武汉农业博览会荣获金奖,在武汉首届美食文化节上荣获"最受消费者喜欢的湖北食文化品牌",在武汉绿色产品交易会上荣获金奖,在湖北农产品北京行活动中荣获"最受欢迎特产奖"。产品通过了国家的 QS 认证、ISO9001 质量体系认证、HACCP 认证,进出口权证、出口产品自检备案证。调查时,公司建有 28 个湖北杂交枸杞原料基地约 7000 亩,可年产鲜果 3000 吨,拥有两条国内先进的枸杞原浆自动化生产线,年产枸杞原浆酒 400 吨,年产值 4000 万元以上,枸杞珍系列酒远销重庆、上海、江苏、广东、北京等地,年销售额突破 3000 万元。

在组建"映山红枸杞专业合作社",形成了公司＋专业合作社＋基地(农户)的组织体系的基础上,朱和平还在业州镇杉木村发展出了一套独特的扶贫模式——"交钥匙模式"。所谓的交钥匙模式是指第一年企业先通过 300 元一亩的承租方式将沙漠村的农户土地收租,然后免费提供种子、肥料等农资支持各个农户对自家的土地进行枸杞种植和管理。另外按照 60 元一天的标准对农户的劳动进行工资支付。枸杞收成以后,公司按照市场价格进行收购,所得的收益仍然归农户所有。

朱和平希望沙漠村第一年能够通过交钥匙模式脱贫。第二年则依旧给农户提供种子、肥料等物资，但是不再采用租田的形式，而是将田地完全交由农户自己打理，企业则负责种植过程中的技术指导培训和保价收购。当前，这一计划不仅涉及整个杉木村的种植户，而且也在其他村镇复制推广。据公司统计，2014 以来已帮助近 3000 个农户实现枸杞亩产收入过 8000 元的目标，其中建档立卡的贫困户 1320 户左右。对此，公司的负责人是这样向我们介绍的：

"我们做的这个交钥匙工程的扶贫模式是这样的。第一年，我们将土地以 300 元一亩租过来，种苗、农药、肥料是免费给的，这一块田农户所做的工，60 元一天，我们是直接付给这个农户的，他下半年所收的果子的钱我们也是全部给他的。第二年这块田就还给农户了，我们不再租种。这样有一个什么好处呢？这样第一年他就可以实现脱贫。因为他种一亩田的话，我们公司这个苗子钱大概 1750 元，农药和肥料钱大概 200 元。再加上他们的工资，一亩田 23 个工，一个工 60 元的话就是 1380 元，再加上每亩田 300 元的租金，就是 1680 元，一共一亩田我们预计投入 3650 元。对于贫困户来说，他的工资再加上他的果子收入一年就可以脱贫。第一年的收入可以保证在 6000 元（一亩），其他贫困户的话可能就保持在 3000 元左右（一亩）。这个枸杞从种到收的全部技术就已经掌握了，因为我们之前对各个环节都会验收，那他以后就可以管理了，他永远都不会返贫了，而且经济收入很高。等于是我把房子给你装好了，给你钥匙你自己进去住。"（JS20160810）

说到华中农业大学，朱和平感激之情溢于言表，他明确地说："没有华中农业大学的支持就没有我这个企业的现在"。华中农业大学给企业提供了坚实的科技支撑，看着丰收的枸杞一筐筐入库，最终酿制成甜美健康的生态酒，这是朱和平以及他带动的种植户们期待已久的画面。

华中农业大学的专家不定期来到建始对农户的枸杞种植进行田间指导,指导种植户如何防治病虫害,如何施撒农家肥,如何修剪,如何适时采摘,这不仅在细节上提高了枸杞的亩产,也使得华农专家在建始扎实开展的扶贫工作深入人心。朱和平说华中农业大学的专家现在主要负责两大工作,首先是通过技术的不断改进升级对酒品进行不断提升。其次是开发挖掘余料的利用渠道,将其做成类似于山楂片的枸杞片,增加枸杞的利用率,延长产业链条。与此同时,朱和平还想申请几个产品专利,等到公司发展壮大之后注册上市,为公司的进一步发展储备后续力量。在枸杞的种植方面,他希望能够进一步实现枸杞种植的标准化管理,严格把关枸杞的质量,确保枸杞含硒富硒,以保证酿制出的果酒更加健康。其次,他希望在华中农业大学各位专家的帮助下建立一个枸杞的更新换代资源谱,以确保枸杞的更新换代能够顺利进行,不至于后期因枸杞苗木老化退化而影响其质量和产量。

从调查来看,湖北枸杞珍酒业有限公司的扶贫深受农户的好评,正如调研时公司负责人所说的:

"在对贫困农户的指导这方面我们公司是特别尽心的,因为之前我们这里没有谁真正大规模地种过枸杞,只有山里一些野生的。所以必须得给老百姓足够的技术指导和支持,让大家安心、放心。我们公司的发展可以说跟老百姓是相互依存的,两方少了谁都不行。"(JS20160810)

正是因为公司深刻认识到与种植户之间的紧密关系,公司采用精选一品、发展一企、带动一社、扶持一村、推动一个产业的"交钥匙工程"扶贫模式,帮助贫困户通过种植枸杞走上可持续脱贫之路,把枸杞打造成一个长效扶贫致富的产业,使众多贫困户依靠种植枸杞脱贫致富。2018年,湖北枸杞珍酒业有限公司被湖北省工商联、省扶贫办表彰为全省"千企帮千村"精准扶贫行动先进民营企业。公司组建的映山红枸杞专业合作社被评为恩施州供销社系统专业合作社示范社。

2. 炜丰富硒茶业股份有限公司与茶叶扶贫

恩施炜丰富硒茶业股份有限公司成立于 2011 年 1 月 19 日,公司注册资本 1000 万元人民币。2013 年,恩施炜丰富硒茶业股份有限公司与华中农业大学建立了长期的产学研合作关系。作为技术依托单位之一,华中农业大学将为公司项目的实施提供专家、研发平台、信息等方面的支撑。公司在与华中农业大学建立产学研合作关系的基础上,组建了以高级工程师、硕士研究生导师、茶学博士周继荣为首席专家的科研团队,成立了建始县名优茶研发中心。公司专家团队结合市场需求,将传统工艺与现代技术结合研发了一种新品种,解决了传统茶的很多问题。2014 年,公司申报了 3 项实用新型专利,申报了 1 项发明专利;2015 年,公司又申报了 3 项实用新型专利。截至调查时,公司已经获得了 6 项实用新型专利的授权和 1 项发明专利的授权。

2011 年以来,炜丰公司采取订单农业的方式,在建始县官店、业州、长梁、三里、高坪等 5 个乡镇的 30 个村建成了高标准乌龙茶基地 15000 亩;2013 年,继续在业州、长梁、三里 3 个乡镇新建茶园 5000 亩,全县乌龙茶基地面积达到 2 万亩。从 2013 年开始,炜丰公司投资引进 15 条乌龙茶生产线,在茶叶主产区修建 15 个乌龙茶加工厂,炜丰公司将传统的制茶工艺与现代技术有机结合,产出了绿茶、乌龙茶和红茶三大系列产品。产品投放市场后,反应良好,客户普遍评价公司产品色泽鲜亮、香气宜人、口感醇厚,受到了广大消费者的青睐。

从企业的扶贫实践来看,被扶持的企业都明确自己在扶贫中的责任与义务。他们从一开始就了解自己的发展受益于扶贫政策,因而也积极参与扶贫工作。早在 2013 年 10 月,炜丰茶叶公司就成为建始县扶贫开发协会理事单位。公司把茶叶种植作为产业扶贫的突破口,坚持企业发展与精准扶贫相结合,把茶产业发展与茶农脱贫致富相结合。公司先后在官店、业州、长梁、三里、高坪5个乡镇发展茶基地20000亩以上,与茶农签订种植合同5000多份,合作种植乌龙茶。为了实现双赢,公司按照"五个统一"模式发展乌龙茶,保证了茶农利益。三年来,公司累计为茶农免费提供茶苗6000多万株,提供产前投入预借500万元,免费提供茶叶专用肥500吨以上,收购茶农鲜叶100多吨,举办茶农培训会100多次,培训人次10000人次以上,培养茶叶大户30户,培养茶叶种植能手500人、加工技术人员60人,为茶农脱贫致富奠定了坚实的基础。在精准扶贫过程中,实施精准扶贫计划,帮扶贫困户424户1433人。为贫困户举办培训班10次,为贫困村修建公路28公里,安装架水管13600米,解决50户饮水困难。2014年,公司收购扶贫户鲜叶10万斤,为贫困户增加收入80万元。贫困户所建茶园进入丰产期后,每亩茶园年产鲜叶1000斤以上,实现收入5000元以上,可为贫困户增加收入500万元。对于茶叶产业的扶贫成效,调研显示也是得到了当地的一致好评:

"我们采取的这个发展模式可以在很大程度上调动农户参与的积极性,并且这个产业是当地的传统产业,种植户也会比较容易上手,所以每年的种植面积都在不断扩大。茶叶种植收益使得一些贫困户有了更多的脱贫来源。"(JS20160825D)

"怎样才能使产业的发展惠及贫困的人口呢?我给你首先举一个实例。我们全村共有221户贫困户,未脱贫的有185户。其中五组跟六组总户数就占了全村的四分之一,但是贫困户非常少,五组只有五六个贫困户,六组也只有七八个贫困户。产业是从2011年开始的,2012年就开始收益了,2013年开始启动扶贫政策,就因为这个产业很多贫困户脱贫了。很早的时候政府搞的三高茶园、黄姜这些项目都没有成功,老百姓当时就认为村干部又是穿新鞋走老路,只管发展不管销路,所以老百姓情绪非常大。他不是不相信你个人,是因为以前有很多反面的例子。所以你一般发展这么大规模的产业的时候,老百姓就有抵触情绪。一家一户地做工作,把一个组一个组老百姓集中起来做动员工作,给他算好比例。种庄稼和发展产业,我们的保障在哪里,我们有公司做保障,首先老百姓不吃亏,公司提供了技术、茶苗、肥料、包回收,而且获得收益之前公司给了一定补贴款,你没有什么损失啊。"(JS20160823B)

三、地区发展

1. 产业结构的优化

第一,新产业兴起。2012 年以来,学校举全校之力,统筹协调多方资源,协助建始培植本地特色优势农业产业,促进产业扶贫。经过帮扶,魔芋、猕猴桃、茶叶、玉米和高山蔬菜等 5 个产业规模迅速扩大,2015 年产值已超过亿元。景阳鸡等 5 个产业规模超过 2000 万元。2014 年建始县被评为湖北省农业发展"先进县"。

第二,特色产业发展。据统计,定点扶贫七年来,学校先后组建了39 支教授团队,设立产业攻关项目 50 个,投入项目资金 941 万元,重点扶持当地发展景阳鸡、魔芋、猕猴桃、茶叶、玉米、高山蔬菜、果酒、甜柿、枸杞、冷水鱼、马铃薯等 11 个重大特色产业。发展的产业中,规模过亿元产业 5 个,2018 年产业总产值达 15.62 亿元,比 2012 年增加 11.39亿元,累计带动当地 9 万余人脱贫。成功促成了魔芋、猕猴桃、茶叶、玉米和高山蔬菜等 5 个过亿元的产业。

第三,产业链延伸。以猕猴桃产业为例,借力全省"县为单位、整合资金、整村推进、连片开发"试点县、"616"工程帮扶等机遇,建始县把猕猴桃产业作为生态观光农业走廊的支柱产业进行全新打造,通过以奖代补的方式,在巩固原有面积的基础上,实行镇与镇、村与村、组与组、户与户、田块与田块大连接,集中连片规模发展猕猴桃产业。在蔡礼鸿所带领科研团队的共同努力下,建始县的猕猴桃种植获得了良好的成效,在湖北省猕猴桃种植上产生了较好的社会影响。湖北省农业厅2018年印发《湖北省推进猕猴桃产业高质量发展实施方案》,确定全省建设幕阜山特色猕猴桃优势区和武陵山特色猕猴桃优势区两大优势区。武陵山特色猕猴桃优势区以建始县为中心,覆盖恩施州和宜昌市,建设基地面积超8万亩的特色猕猴桃优势生产区。建始县人民政府2020年政府工作报告对猕猴桃为典型的特色农业发展给予了充分肯定,特色猕猴桃优势区项目通过省验收,"建香"猕猴桃获得首届全国优质猕猴桃品鉴会金奖。为了解决好猕猴桃的种植、加工、销售、包装等发展中的问题,扶贫项目不仅设置了针对猕猴桃种植的病虫害等问题的科技攻关项目,更未雨绸缪,较早关注了猕猴桃果酒等的开发,重点扶持恩施硒姑娘酒业有限公司的发展。

2. 科研力量的增强

近年来,建始县技术发明专利申报数居全州前列,科研项目数量持续增加,高新技术企业数量和 GDP 增加值位列全州前列。建始县先后被确定为全省3个"国家知识产权强县"工程试点县之一,被省委、省政府授予"湖北省'三农'发展综合考评进位先进县(市/区)"称号,华中农业大学被表彰为全国扶贫先进单位。

3. 发展理念的更新

与前两者相比,发展理念的更新是产业扶贫带来的一个副产品,但却是产业扶贫成效中非常重要的一个方面。这一点,建始县主要领导人多次在总结会上进行了肯定。而在项目专家的访谈中,也被反复提及。甚至有专家指出,学校在建始开展的产业扶贫,对产业整体规划上的一些理念,颠覆了政府过去对农业产业发展的看法。

产业扶贫中,技术的更新无疑是非常重要的,但如果没有一个先进的发展理念,新的技术即使创新出来,也难以被采纳和推广,更难以在扶贫中产生成效。贫困地区之所以贫困,不仅是科学技术的落后,更是观念理念的落后。高校在项目扶贫的过程中,带入的不仅是新的科学技术,更多的是新的发展理念。通过扶持,被扶持企业逐渐形成了由"要我创新"向"我要创新"的观念转变,由特色资源驱动向创新能力驱动的驱动模式转变。据统计,仅2015年,建始县技术发明专利申报数居全州前列,科研项目数量持续增加,高新技术企业数量和GDP增加值位列恩施州第二位。

"建始县那边自己也评价说华农带来了很多新的发展理念,这些新的发展理念使他们政府在扶贫工作和地区发展中产生了很多变化。而这其实是高校参与扶贫很重要的一个作用。对于扶贫,高校带去的先进技术有时候都不一定是最主要的,理念的改变其实才是最重要、最困难的。就我们人文社科学科加入扶贫的意义来说的话,这也是要做的最为重要的事情。因为如果他始终停留在原来的那个层次,就不是我们所说的真正的发展或者说不是一个好的发展……实际上对于一个贫困地区的发展来说,不可避免地要面对那些比较传统的,甚至是比较落后的理念。一个地方落后,肯定是有原因的。它的发展,必然要借助新的理念、新的技术与方法,使它的系统中各个元素达成一种新的平衡,这个平衡如果比原来的平衡更高,那么这就是发展与进步。"(HN2017 0314Z)

第二节 模式推广

在华中农业大学的帮扶下,建始县先后被确定为全省 3 个"国家知识产权强县"工程试点县之一,被湖北省委、省政府授予"湖北省'三农'发展综合考评进位先进县(市、区)"称号。华中农业大学也因定点扶贫建始成效突出荣获国务院扶贫开发领导小组"中央国家机关等单位定点扶贫先进集体"、中国科协"全国科技助力精准扶贫先进团队"等称号。新华社、人民日报、中央电视台、中国教育报等 20 余家中央、省级媒体对专家团队在建始开展定点扶贫的感人事迹进行了报道;学校先后在全国定点扶贫工作会议及教育部直属高校定点扶贫工作会议上做典型发言。

一、模式特征

一种扶贫模式能否推广,必须深入分析该模式的基本特征、优势与推广的条件要求。那么,华中农业大学的产业精准扶贫模式具有哪些基本特征呢?

1. 项目运作、多层嵌入

本研究运用嵌入性理论对这一模式进行分析显示,华中农业大学产业精准扶贫模式以项目方式进行推进,其扶贫模式的核心在于依据产业发展的需要设置相应的产业攻关项目,通过制度化的管理来实现扶贫目标。依托项目,通过多层次嵌入,将人员、物资、方法/技术以及理念等多要素嵌入建始扶贫的整个大系统中。不同层次的嵌入表现出不同的特征。具体来说,在校地层面,表现为单向嵌入;在学校层面,表现为项目间的相互嵌套;在项目层面,表现为科研项目与扶贫项目的双向互嵌。正是借由三个层次的嵌入,保证了项目扶贫目标的实现。不同层次嵌入的主要原因不同,表现的形式不同,呈现出来的特点也不同。总体来说,校地层次是学校领导主导下的高校对被扶贫地方的主动嵌入,是单向的浅层次的嵌入;项目群的嵌套是学校积极推动下各项目之间的相互嵌入,就程度来说,属于中等深入的嵌入。项目层面的嵌入,由于在实践过程中,项目负责人自身深受评价考核体制的影响,因而无意识间使科研项目与扶贫项目之间呈现出深度嵌入。嵌入式项目扶贫模式见表5-1。

表5-1　嵌入式项目扶贫模式

嵌入层级	嵌入的主要原因	嵌入表现	嵌入程度	嵌入类型
校地层面	定点扶贫的政治任务	扶贫项目的实施地点、实施对象及实施成效均为定点扶贫的贫困县	浅	单向嵌入
高校层面	地方产业的发展需求	单一产业内项目的合作分工、多产业间项目的技术协作	中	嵌套
项目层面	项目开展的必然要求	项目团队的科研基础、科研方向、承担的科研任务与产业扶贫项目任务紧密相关	深	互嵌

2. 明确主责、精准定位

扶贫并非高校的主要职能。尽管社会服务与人才培养、科学研究一样,已经成为大学的基本职责,但服务社会职责的实现是以教学和研究活动为基础,主要是通过人才培养和科学研究服务于社会。对大学而言,除了培养人才和科学研究,以及大学既定宗旨中的内容之外,是否要承担其他社会责任,要看承担这些责任是会增进还是会削弱其培养人才和科学研究的能力。这里区分了作为创造业绩的学术性责任和对创造业绩产生影响的非学术性责任。也可以说大学的社会责任分为作为大学核心责任的学术责任,对大学存在和履行核心责任有影响的外围的非学术责任。[①] 大学作为学术组织,其学术活动是其最中心最本质的社会责任,这也是大学与企业及其他社会组织的本质不同。

也正因为如此,华中农业大学的产业精准扶贫模式中,高校监管扮演着多重角色,但主要角色是农业技术专家的提供者,是产业扶贫的助力者而非主导者。各级政府对反贫困实践的主导是中国特色反贫困实践的鲜明特征。这一特征彰显了中国政府在反贫困实践中的责任担当。组织理论认为,权力是构成一个团体或机构的最基本要素,是组织存在和发展的必要条件,也是认识理解社会行为的中心概念。角色权力通常指人们在其位应具备的“合法”权力。在层级制组织中,各个角色的角色权力的具体体现则是其权威性、责任感及内在的掌控能力。

对于建始扶贫,主体责任是建始政府,华中农业大学定点扶贫只是建始扶贫中一股重要的辅助力量。因为扮演的是辅助角色,所以其角色权力也主要是咨询建议权。对此,不仅学校领导有着明确的认识,参加扶贫的专家也有亲身的感受。在调研中,一个专家这样跟我们反映:

“科技它永远只起到驱动作用,但是真正的生产力,到最后走向市场,变成白花花的银子,那还有好多路要走。高校在定点扶贫过程当中,千万不要自己揽了太多责任,不要背着包袱向前走。我们更多的是参与,我们在参与过程中主要的功绩也只是科学技术,加了一点点微不足道的钱,这点钱还是由我们老师以项目的形式带下去的,没有直接给贫困户个人。作为高校,我们肯定是没有钱进行大规模投入的,高校也不能把它变成一个包袱背着往前走。从另外一个方面来看,社会也不能拿这个来要求高校在扶贫工作中必须要做出什么事情出来,扶贫本质上还是一个地方政府的行为。”(HN20170228)

---

① 彼得·德鲁克.组织的管理[M].王伯言,沈国华,译.上海:上海财经大学出版社,2003.

因此,高校对自身在贫困县脱贫攻坚中的角色始终要有明确的定位,要求自己做"能干、应干、必须干"的工作。这一点,华中农业大学的领导在定点扶贫的总结汇报会上多次进行了强调。如在 2016 年度定点扶贫总结汇报会上,学校领导在总结发言上就提出了定点扶贫的要求,其中就涉及学校的角色定位问题:

"第一要在精准上下功夫。主要包括八个方面。一是定位要精准。我们在定点扶贫工作中的定位必须要精准,对扶持谁、谁来扶、怎么扶的问题要认真研究。要明确学校在建始脱贫的过程中应该完成什么任务、承担什么责任、履行什么角色,所以学校的扶贫工作定位要精准。我们每一个项目的定位也要精准。该我们干的事情不干也不对,不该我们干的事情或是我们干不好的事情我揽去了也不合适,还耽误事。比如说,五个一批里面,哪些事情我们可以做,哪些是我们做不了的,这个我们都要认真研究一下。我们扶贫工作的定位要精准,干了我们不该干的事,那我们就越位了;该我们干的事情,我们没干,那我们就失位了……"

3. 因地制宜、整合发展

因地制宜是习近平总书记针对产业脱贫提出的要求,也是华中农业大学产业精准扶贫模式应严格遵守的基本原则。考虑到建始县的自然资源条件,其耕地资源匮乏,产业发展难以像平原地区进行大规模的规划设计,因此,小而优特色产业成为建始县扶贫产业发展的最好选择。

如何因地制宜发展小而优特色产业?华中农业大学在扶贫实践中,一方面,注重原有特色产业发掘,以先进技术推动其转型升级和产业链延伸,典型如枸杞珍、猕猴桃;另一方面,注重新兴产业的培育,将自然资源优势充分发挥出来,典型如冷水鱼。

在因地制宜发展的同时,华中农业大学还特别注意整合发展。如果一个个小产业各自为战,不仅发展难度大,而且产业的稳定性差,对县域经济的贡献也有限。因此,对于不同的区域,华中农业大学设计了不同的产业发展方案,强调扶贫产业群的建设,以适应不同条件下贫困户产业发展的不同需要。因地理条件在村内与村际之间的异同,一村可以发展多品,多村也可以共同发展一品。不同产业之间,也并非完全独立,正如我们对猕猴桃产业发展中与各产业的相互嵌套,形成了产业群,不仅更为充分地利用了自然资源,更好地解决了短平快产业与长期产业之间的矛盾,而且以此分担了风险,促进了多产业的共同发展。

总体来说,华中农业大学的项目扶贫,不仅为高校产业扶贫提供了一个新的思路,同时,也为产业扶贫提供了一个成功模本。华中农业大学模式的优势一是以项目形式制度化管理、滚动性支持,更注重项目的长期性与可持续性,因而较好地克服了一般产业扶贫项目的短视性。二是高校推动强调全面增能,将技能培训置于整个产业扶贫体系中来推动,在培训前有项目的考察选择,在培训后有产业的跟进和技能的继续培训,避免了为培训而培训,以技能培训开始,以技能培训结束的困境,真正实现了带动贫困者技术的提升,实现了技术的益贫性。三是嵌入式扶贫注重培育在地化力量,既注重技术精英力量的培育(师傅带徒弟),也注重地方政治精英与经济精英的培养,由此培养一支带不走的脱贫力量。四是技术提升与文化发展并进,在推广引进先进技术的同时不断引入先进理念,实现传统文化的扬弃。

二、推广建议

华中农业大学产业精准扶贫模式最突出的一个特点就是以全面、全程、全员嵌入式项目扶贫的方式,通过提升技术的益贫性,推动农村发展科技创新命运共同体的建设,在促进产业发展的基础上实现产业扶贫。这一模式为我们在大国小农的国情下思考小农如何融入现代农业提供了一个新思路。在这一模式中，多层嵌入不仅解决了如何提升扶贫者的积极性问题，而且解答了产业扶贫中一个难题，即如何通过产业发展促进贫困户的脱贫。基于前面对模式的静态与动态分析，针对这一模式的推广，我们提出以下建议：

第一，产业扶贫必须遵循其内在的发展规律。产业扶贫的实现需要通过产业的发展壮大来实现，因此其必须遵循产业发展的客观规律。这一点已经得到了普遍的认同，但在实践中却常常被忽视。但产业发展规律仅仅只是产业扶贫发展规律的一个组成部分，产业扶贫仅仅遵循产业的发展规律是不够的。产业扶贫的最终目标不是发展产业，而是进行扶贫，因此它实际上应该遵循的是产业扶贫的发展规律，这一点政学两届都鲜少探讨，这是华中农业大学产业精准扶贫"六个一"模式给予我们的主要启示之一。产业扶贫的规律，表现在时间顺序上，即先扶产业之贫，再通过产业扶贫，简而言之，先扶产业再扶贫。从理论上看，在时间规律上，扶产业与扶贫在先后顺序上可以有三种组合，即先扶产业后扶贫、先扶贫后扶产业、产业与扶贫两者同时进行。但在事实上，先扶贫再扶产业，如果已经先完成扶贫，目标已经达成，就不再需要扶产业了，因为扶产业只是一个手段；同时扶产业和扶贫，貌似是理想模式，但在实践操作上并不具备可操作性；因此在产业扶贫中，在选准扶贫产业的基础上，需要先扶产业再扶贫。这正是"六个一"模式中所蕴含的产业扶贫规律所在。"六个一"模式首先瞄准扶贫产业，通过组建专家团队，为专家团队提供专项资金，以龙头企业为主开展产业帮扶，这是明确的先扶产业。但扶持产业并非产业扶贫的目标，通过产业发展实现扶贫才是产业扶贫的目标。因此，对产业的扶持，不仅限于对龙头企业的支持，还包括推动其通过培育农民专业合作社，借助合作社将产业与贫困农户之间连接起来,使贫困户能够参与产业的发展,分享产业发展的收益,由此增强脱贫能力,实现脱贫。

第二,扶贫产业的选择要因地制宜,充分考虑其"带贫力"。首先,在选择扶贫产业之前,需要科学分析贫困县资源禀赋、产业现状、市场空间、环境容量、新型主体带动能力和产业覆盖面,选准适合自身发展的特色产业。其次,从华中农业大学的扶贫实践来看,各项目的扶贫成效各不相同,但却没有用一个项目取代其他项目,亦没有进行项目之间的简单比较。这是因为:(1)在给定空间中,不同产业的"带贫力"是不同的。产业的带贫力=(产业的经济效益/产业的经济风险)×贫困户的产业链融入度。即在其他条件相同的情况下,产业的经济效益越好,其带贫力越好;在其他条件相同的情况下,产业的经济风险越大,带贫力越低;在其他条件相同的情况下,贫困户的产业链融入度越高,带贫力越高。(2)在不同空间,同一产业的"带贫力"是不同的。产业在不同空间的带贫力=产业的空间适应性×产业的带贫力。简而言之,一个产业的扶贫成效,首先要考虑其所处空间的资源禀赋状况,在一个适宜多产业发展的地域,可以选择带贫力最高的产业。但在资源受限制的情况下,哪怕是带贫力相对较低的产业,也可能是一个最优的选择。从华中农业大学产业扶贫的实践来看,每一个产业的选定,都经过了充分的调研和讨论,不仅必须契合当地的自然资源条件,还要考虑其历史文化、村庄的组织基础和农户的家庭条件等。南瓜、水稻、猕猴桃、油菜、景阳鸡和冷水鱼等,都是一方水土养不活一方人的资源条件下对当地资源的充分发掘。

第三,产业扶贫必须加强过程监管。华中农业大学以项目形式开展科技扶贫,通过项目管理实现对产业扶贫成效的评估,在项目的设置上通过提供基础保障、设置长期项目、采用滚动支持的方式,既为扶贫科技工作者提供了必要的资金保障，又同时给予了扶贫者较为充裕的时间以检验项目的成效，还运用项目的定期与不定期考核形成了约束，促进了扶贫成效的提升。

第四，注重扶贫产业群的培育和扶贫产业链的发展。多重嵌入中，中观层面的项目群形成很重要的一个原因在于贫困地区受制于区域的资源条件，很难形成大规模的单一产业，只有借助于产业群的培育和产业链的延伸，才能在保护生态环境的基础上实现资源的合理开发和利用，从而促进整个区域经济的良好发展。

第五，产业扶贫需要建立长效机制。由于农业产业本身的长期性和高风险特点，依托农业产业发展来推进脱贫不能盲目追求短平快，必须高度重视扶贫产业发展和产业扶贫成效的长期性与稳定性。这不仅要求建立合理的利益共享机制，还要建立起有效的风险防控与风险分担机制。

第六，产业扶贫要处理好精准到户与区域发展之间的关系。从华中农业大学的定点扶贫实践来看，其在产业扶贫上经历了从县域到村庄到贫困户这样一个越来越强调精准的过程，这虽然是回应国家精准扶贫战略的要求，但实际上也是遵循产业发展到产业扶贫的规律。但随着贫困户的脱贫，进入乡村振兴的发展阶段后，可能需要重新重视村庄经济和区域经济的发展。

参 考 文 献

1.蔡科云.政府与社会组织合作扶贫的权力模式与推进方式[J].中国行政管理,2014(9):45-49.

2.曹洪民.中国农村扶贫模式研究的进展与框架[J].西北人口,2002(4):2-6.

3.曹龙虎.作为国家治理机制的"项目制"——一个文献评述[J].探索,2016(1):32-38.

4.查修彭.处理好定点扶贫的"三个关系"[J].老区建设,2003(2):42-43.

5.陈池波,赵蕾.论社会扶贫[J].农业现代化研究,1997(4):19-22.

6.陈琦,宋雯.连片特困地区贫困人群自我发展能力研究[M].武汉:华中科技大学出版社,2015.

7.陈前恒.农户动员与贫困村内部发展性扶贫项目分配——来自西北地区 H 村的实证研究[J].中国农村经济,2008(3):42-49.

8.陈水生.项目制的执行过程与运作逻辑——对文化惠民工程的政策学考察[J].公共行政评论,2014(3):133-156.

9.陈欣,黄维德.迎合行为的概念性分析框架——基于新制度主义的视角[J].华东理工大学学报(社会科学版),2007(2):66-73.

10.道格拉斯·C.诺思.经济史中的结构与变迁[M].陈郁,罗华平,等译.上海:上海三联书店;上海:上海人民出版社,1994.

11.段文斌,陈国富.制度经济学[M].天津:南开大学出版社,2003.

12.方劲.中国农村扶贫工作"内卷化"困境及其治理[J].社会建设,2014(2):84-94.

13.傅萍.定点扶贫应处理好六种关系[J].新农业,2004(6):8.

14.共济.新阶段社会扶贫体制机制创新[M].北京:中国农业出版社,2012.

15.苟天来,唐丽霞,王军强.国外社会组织参与扶贫的经验和启示[J].经济社会体制比较,2016(4):204-211.

16.郭琳琳,段钢.项目制:一种新的公共治理逻辑[J].学海,2014(5):40-44.

17.本刊编辑部."十三五"脱贫攻坚规划[J].中国扶贫,2017(1):27-52.

18.本刊编辑部.中国农村扶贫开发纲要(2011-2020年)[J].老区设计,2011(23):12-18.

19.国务院扶贫办.中国社会扶贫创新行动优秀案例集(2012)[M].北京:中共中央党校出版社,2013.

20.何俊志.结构、历史与行为——历史制度主义的分析范式[J].国外社会科学,2002(5):25-33.

21.黄承伟,陈琦.连片特困地区区域发展与扶贫攻坚若干问题——基于武陵山片区建始县的调查与思考[M].北京:经济日报出版社,2016.

22.黄承伟.中国特色扶贫开发道路不断拓展[N].人民日报,2018-08-26(7).

23.黄海根.推进定点扶贫科学发展——对江西省定点扶贫工作的调查与思考[J].老区建设,2008(13):10-13.

24.黄盈盈,潘绥铭,王东.定性调查:"求同法"、"求异法"与"求全法"的不同性质[J].中国人民大学学报,2008(4):136-141.

25.黄宗智,龚为纲,高原."项目制"的运作机制和效果是"合理化"吗?[J].开放时代,2014(5):143-159.

26.康晓光.NGO扶贫行为研究[M].北京:中国经济出版社,2001.

27.匡远配.中国民间组织参与扶贫开发:现状以及发展方向[J].贵州社会科学,2010(6):82-88.

28.李博.项目制扶贫的运作逻辑与地方实践性——以精准扶贫视角看A县竞争性扶贫项目[J].北京社会科学,2016(3):106-122.

29.李俊杰,李晓鹏.高校参与精准扶贫的理论与实践——基于中南民族大学在武陵山片区的扶贫案例[J].中南民族大学学报(人文社会科学版),2018,38(1):79-84.

30.李小云,张雪梅,唐丽霞.我国中央财政扶贫资金的瞄准分析[J].中国农业大学学报(社会科学版),2005(3):1-6.

31.李颖.社会扶贫资源整合的类型及其适应性[J].探索,2015(5):146-151.

32.李周.社会扶贫的经验、问题与进路[J].求索,2016(11):41-45.

33.李周等.中国政府非专职扶贫机构的现状和走向[R].北京:中国社会科学院农村发展研究所,2000.

34.梁晨.产业扶贫项目的运作机制与地方政府的角色[J].北京工业大学学报(社会科学版),2015(5):7-15.

35. 刘升. 精英俘获与扶贫资源资本化研究——基于河北南村的个案研究[J]. 南京农业大学学报(社会科学版),2015,15(5):25-30.

36. 刘伟,李树茁,任林静. 西部农村扶贫项目目标瞄准方法研究——基于陕西安康贫困山区的调查[J]. 南京农业大学学报(社会科学版),2017,37(1):72-78.

37. 马良灿,哈洪颖. 项目扶贫的基层遭遇:结构化困境与治理图景[J]. 中国农村观察,2017(1):2-13.

38. 马良灿. 农村产业化项目扶贫运作逻辑与机制的完善[J]. 湖南农业大学学报(社会科学版),2014,15(3):10-14.

39. 莫光辉,祝慧. 社会组织与贫困治理 基于组织个案的扶贫实践经验[M]. 北京:知识产权出版社,2016.

40. 渠敬东,周飞舟,应星. 从总体支配到技术治理——基于中国30年改革经验的社会学分析[J]. 中国社会科学,2009(6):104-127.

41. 渠敬东. 项目制:一种新的国家治理体制[J]. 中国社会科学,2012(5):113-130,207.

42. 帅传敏,李周,何晓军,等. 中国农村扶贫项目管理效率的定量分析[J]. 中国农村经济,2008(3):24-32.

43. 苏海,向德平. 社会扶贫的行动特点与路径创新[J]. 中南民族大学学报(人文社会科学版),2015(3):144-148.

44. 孙若梅,于法稳,王利文. 社会扶贫中的政府行为调查报告[M]. 北京:中国经济出版社,2001.

45. 覃志敏. 民间组织参与我国贫困治理的角色及行动策略[J]. 中国农业大学学报(社会科学版),2016(5):89-98.

46. 王汉生,王一鸽. 目标管理责任制:农村基层政权的实践逻辑[J]. 社会学研究,2009(2):61-92,244.

47.王利文.组织创新扶贫——国土资源部定点扶贫调查报告[A].社会扶贫中的政府行为调查报告,2001.

48.吴国宝.扶贫模式研究——中国劳务输出扶贫研究[M].北京:中国经济出版社,2001.

49.武汉大学,全国扶贫宣传教育中心.中国反贫困发展报告 2017 定点扶贫专题[M].武汉:华中科技大学出版社,2017.

50.向德平,黄承伟.中国反贫困发展报告(2014)——社会扶贫专题 [M].武汉:华中科技大学出版社,2014.

51.项目管理协会.项目管理知识体系指南[M].4 版.王勇,张斌,译.北京:电子工业出版社,2009.

52.邢成举,李小云.精英俘获与财政扶贫项目目标偏离的研究[J].中国行政管理,2013(9):109-112.

53.邢成举.村庄视角的扶贫项目目标偏离与"内卷化"分析[J].江汉学术,2015(5):18-26.

54.熊芳.微型金融机构社会扶贫功能研究——基于少数民族地区的数据和经验[M].北京:科学出版社,2014.

55.许媛媛,孙焕明,吕亚荣.政府主导下的农业项目扶贫效果及影响因素分析——基于西藏藏鸡养殖项目的调查[J].中国农学通报,2015,31(35):252-257.

56.许源源,江胜珍.扶贫瞄准问题研究综述[J].生产力研究,2008(17):158-160.

57.荀丽丽,包智明.政府动员型环境政策及其地方实践——关于内蒙古 S 旗生态移民的社会学分析[J].中国社会科学,2007(5):114-128.

58.严明,赵黎明.论项目治理理论体系的构建[J].上海经济研究,

2005(11):106-112.

59.杨飞雪,汪海舰,尹贻林.项目治理结构初探[J].中国软科学,2004(3):80-84.

60.杨玉波,李备有,李守伟.嵌入性理论研究综述:基于普遍联系的视角[J].山东社会科学,2014(3):172-176.

61.殷浩栋,汪三贵,郭子豪.精准扶贫与基层治理理性——对于A省D县扶贫项目库建设的解构[J].社会学研究,2017,32(6):70-93,243-244.

62.于法稳,秦京舜.建立交通扶贫基金,推动定点扶贫持续发展——交通部定点扶贫调查报告[A].社会扶贫中的政府行为调查报告.2001.

63.张磊.中国扶贫开发政策演变(1949—2005年)[M].北京:中国财政经济出版社,2007.

64.张新文,高啸.农村项目扶贫存在的问题及优化途径[J].长白学刊,2018(1):116-122.

65.赵辉.社会扶贫项目实施——企业社会责任与慈善创新视角的案例研究[M].北京:经济科学出版社,2017.

66.折晓叶,陈婴婴.项目制的分级运作机制和治理逻辑——对"项目进村"案例的社会学分析[J].中国社会科学,2011(4):126-148.

67.郑万军.农村人口空心化下民族地区精准扶贫:项目扶贫VS主体培育[J].青海社会科学,2016(3):128-131,137.

68.中国社会科学学院语言研究所词典编辑室.现代汉语词典[M].北京:商务印书馆,1983.

69.《中国扶贫开发年鉴》编委会.中国扶贫开发年鉴(2011)[M].北京:中国财政经济出版社,2011.

70.周彬彬,杨秋林.贫困地区投资项目工作手册[M].北京:人民出版社,1995.

71.周恩宇.定点扶贫的历史溯源与实践困境——贵州的个案分析[J].西南民族大学学报(人文社科版),2017(3):13-21.

72.周飞舟.财政资金的专项化及其问题——兼论"项目治国"[J].社会,2012(1):1-37.

73.周飞舟.从汲取型政权到"悬浮型"政权——税费改革对国家与农民关系之影响[J].社会学研究,2006(3):1-38.

74.周飞舟.分税制十年:制度及其影响[J].中国社会科学,2006(6):100-115,205.

75.周雪光.组织社会学十讲[M].北京:社会科学文献出版社,2009.

76.朱涛,金峰,沈正波.高校定点扶贫工作路径分析——以清华大学定点扶贫云南省大理州南涧县为例[J].河南教育学院学报(哲学社会科学版),2018,37(6):92-95.

77.左常升.中国扶贫开发政策演变(2001-2015年)[M].北京:社会科学文献出版社,2016.

78. GRANOVETTER M S. Economic action and social structure: the problem of embeddedness[J]. American Journal of Sociology, 1985,91(3):481-510.

79. HAGEDOORN J. Understanding the cross-level embeddedness of interfirm partnership formation[J]. Academy of Management review, 2006, 31(3): 670-680.

附　录

附录 1　访谈提纲

一、产业扶贫项目首席专家访谈提纲

1.项目负责人基本信息

项目负责人基本信息主要包括姓名、性别、学习经历、工作经历、研究领域等。

2.项目基本信息

项目基本信息主要包括项目名称、立项时间、团队人数、项目资金、预期结项时间、合作乡镇(公司/合作社)等。

3.参与到目前所负责的产业扶贫项目中的契机是什么?

4.所扶持的产业发展情况如何? 项目进入建始时主要存在哪些亟待解决的难题?

5.在当地的项目开展程序是怎样的?(如何联系? 联系频率如何? 持续时长?)

6.目前项目进展处于什么阶段,接下来的项目发展计划是怎样的?

7.团队在当地产业的发展中发挥的作用有哪些? 主要做哪些工作?

8.在项目实施过程中学校及建始当地政府分别提供了怎样的帮助和支持?

9.在推进项目发展中遇到的最大的困难是什么? 如何解决?

10.项目对当地扶贫成效如何? 是如何实现的? 有什么经验?

11. 如何认识华中农业大学在定点扶贫建始的工作中的优势与不足？高校在定点扶贫中应该承担什么样的角色？

12. 对华中农业大学"六个一"产业精准扶贫模式怎么看？所承担的扶贫项目是否跟"六个一"模式契合？

二、高校定点扶贫归口管理部门负责人访谈提纲

1. 华中农业大学在建始定点扶贫中设定的项目的基本情况。

2. 项目立项上，华中农业大学在建始定点扶贫的项目是如何确定的？项目设置过程的透明度如何？在项目的选择和确定过程中，学校和建始是什么关系，主导方是哪方？

3. 项目负责人的选派有什么标准？

4. 项目资金的分配主要依据是什么？

5. 项目实施一般是如何组织的？

6. 学校如何与建始联系？通常哪一方更主动？联系频率、对象、内容、方式、情况如何？

7. 在项目组织过程中有遇到过哪些困难？最大的困难是什么？困难（或问题）是如何解决的？

8. 项目是如何进行评估的？评估程序、标准、结果的处理情况如何？

9. 华中农业大学作为定点扶贫建始的高校，自身有哪些优势？存在哪些不足？

10. 您认为我们学校对定点扶贫建始的工作重视程度如何？为什么？作为定点扶贫项目的协调负责人，这与您其他的工作相比，有什么不同？

附录 2   主要访谈对象编码汇总表

序号	个案编号	性别	身份简介	调查资料编号
1	HN-G-01	男	学校管理人员	HN20170228
2	HN-G-02	男	学校管理人员	HN20161211
3	HN-C-01	男	驻村第一书记	HN20170301
4	HN-C-02	男	驻村第一书记	HN20170301
5	HN-X-01	男	项目负责人	HN20170314G
6	HN-X-02	男	项目负责人	HN20170314Z
7	HN-X-03	男	项目负责人	HN20170316
8	HN-X-04	男	项目负责人	HN20170317
9	HN-X-05	男	项目负责人	HN20170512
10	HN-X-06	女	项目负责人	HN20171215
11	HN-X-07	男	项目负责人	HN20171219
12	HN-X-08	男	项目负责人	HN20190128
13	HN-X-09	男	项目负责人	HN20160421
14	JS-F-01	男	建始扶贫办领导	JS20170328
15	JS-F-02	男	建始扶贫办工作人员	JS20170329
16	JS-F-03	男	建始县政府乡镇干部	JS20160829
17	JS-G-01	男	建始乡镇干部	JS20160826
18	JS-G-02	男	建始乡镇干部	JS20160823E
19	JS-G-03	男	建始乡镇干部	JS20160825B
20	JS-Q-01	男	建始企业负责人	JS20160825C
21	JS-Q-02	男	建始企业负责人	JS20160521
22	JS-Q-03	男	建始企业负责人	JS20160810

23	JS-Q-04	男	建始企业负责人	JS20160825D
24	JS-C-01	男	建始村庄干部	JS20160824A
25	JS-C-02	男	建始村庄干部	JS20160823B
26	JS-C-03	男	建始村庄干部	JS20160825E
27	JS-C-04	男	建始村庄干部	JS20160828A
28	JS-C-05	女	建始村庄干部	JS20160826D
29	JS-P-01	男	建始贫困农户	JS20160822A
30	JS-P-02	男	建始贫困农户	JS20160822B
31	JS-P-03	女	建始贫困农户	JS20160823A
32	JS-P-04	男	建始贫困农户	JS20160826B
33	JS-P-05	男	建始贫困农户	JS20160827C
34	JS-P-06	男	建始贫困农户	JS20160824B
35	JS-P-07	女	建始贫困农户	JS20160828B
36	JS-P-08	女	建始贫困农户	JS20170329A
37	JS-P-09	男	建始贫困农户	JS20170329B
38	JS-P-10	男	建始贫困农户	JS20170719A
39	JS-P-11	女	建始贫困农户	JS20170720A
40	JS-P-12	女	建始贫困农户	JS20170726A

后　记

　　本书为华中农业大学自主创新基金项目《华中农业大学建始定点扶贫实践》(2662016PY111)的主要成果。

　　虽然只是一个不太成熟的研究成果,需要感谢的人却有太多。

　　首先要感谢华中农业大学给予本课题的大力支持。姚江林副校长一直关心课题的研究进展,在建始县挂职的科技副县长周继荣、孙占成、许刚,以及科发院的杨道兵、余华俊老师等对项目的开展给予了很大支持。作为一个产业扶贫项目的观察者、建始脱贫攻坚的同行者,在一次次建始之行中与各产业攻关项目的负责人之间建立了战友之情。感谢各位专家与我们一起分享他们的扶贫故事,没有他们的扶贫实践,就没有本书。

　　其次要感谢建始县各相关部门的支持。没有建始县各级政府尤其是建始县扶贫办的大力支持,我们无法深入建始各个乡镇与部门访谈与观察,也就不可能真实了解定点扶贫具体实践过程与成效。建始的华农人的扶贫故事,在建始农户中口口相传。正是那些来自田野中的第一手资料,为我们写作本书提供了重要参考。

　　最后,感谢项目调研团队的所有成员。研究生夏立艳、陈曼曼、王妮萍、王杰不仅参与了讲好建始扶贫故事的典型调查,还与方格子、芦慧玲等一起参与了项目负责人、被扶持企业负责人的深入访谈和访谈资料的整理。夏立艳、王妮萍作为本项目的主要成员,不仅参与了项目资料的收集,还结合调查分别以产业扶贫的风险分担机制和高校项目扶贫的运作机制为主题撰写了自己的硕士论文,其中,王妮萍的硕士论文也是本书的重要组成部分。本科生苏琬迤、安琪、徐文渊、张艳君、姚映竹结合国创项目,参与了建始村庄的驻村调查,在此一并表示感谢。

扶贫路上,我们一路同行。

张翠娥

于华中农业大学西苑

2020 年 3 月 28 日